事業者必携

◆危機に備えるための◆

入門図解 **解雇・退職・休業・助成金の**
法律と手続き

社会保険労務士・
中小企業診断士
森島 大吾 監修

三修社

はじめに

　会社が存続するためには、経営環境の変化に対して柔軟に対処していく必要があります。会社は常に技術革新や同業他社との競争にさらされ、会社内部の事情からビジネスモデルの転換を行うため、積極的に人員削減を行うケースがあります（いわゆる「選択と集中」）。また、昨今の災害や感染症の拡大など会社外部の事情から、会社の存続が危ぶまれるケースでは消極的な人員削減を行うこともあります。いずれのケースについても、退職勧奨や整理解雇などの手段で会社側から雇用契約の解除を求めていくことになります。

　最近では、労働者側の法律知識の向上や、労働基準監督署の存在から解雇まで踏み切れず、ハラスメントなどによって自己都合退職にもっていくケースもあります。このような退職は、労働者にとっても会社にとっても良い結果を生みません。退職勧奨や解雇は、交渉や指導など時間を要するものですが、適切な手続き（配慮）を行うことで、会社に与えるリスクを最小に抑えることができます。

　本書は、解雇や雇止めの法律知識はもちろん、問題社員への対応、希望退職の手順、整理解雇の４要件などを解説した入門書です。難しい法律の解釈を理解する一助とするため、Q&A形式でより具体的な事例も掲載しています。また、新型コロナウイルスの感染拡大で影響を受けた場合に受給できる助成金をまとめ、できる限り最新の情報（令和２年６月末現在）を提供するように努めました。労務の実務担当者に対しては、会社都合で退職した場合の離職証明書の書き方など有用な情報も記載しています。

　本書をご活用いただき、皆様のお役に立てていただければ監修者として幸いです。

　　　　監修者　社会保険労務士・中小企業診断士　森島　大吾

Contents

第5章　事業者が知っておきたい雇用保険のしくみ

第6章　解雇・退職の手続きと離職証明書の書き方

第7章　解雇や退職以外の休業制度を活用する場合

第8章　助成金・給付金のしくみ

第1章

会社の危機と
退職の法律知識

会社の危機ととりうる手段について知っておこう

何をすべきなのかを見極め、迅速に対処する

「会社が危ない」場合にもいろいろある

　たとえ会社の業績はよくても、賃金などの労働条件がそれに見合わないときは、不満を蓄積させた社員が、対処に困る態度をとりはじめる場合があります。具体的には、社内のルールが守れない、協調性がない、仕事をさぼる、他の社員に嫌がらせをする、遅刻欠勤が多くなるなどです。また、このような問題社員が周りにいると他の社員の業務にも支障が及びます。彼らも、もともとは企業理念や会社側の提示した労働条件に魅力を感じ、やりがいを感じて仕事をしていた時期があったはずです。それがある時期から企業理念や労働条件などに疑問を持ちはじめ、疑問が不満に変わり、徐々に蓄積した結果、問題行動を起こすようになった場合もあるのです。

　このような社員は、対処に困る態度をとり始める前に、それなりの兆候が見られるものです。売上げや営業成績などの数字だけにとらわれすぎないように注意して、日頃から個々の社員の態度をよく観察し、変化が見られたら面談の場を設け、社員の声に耳を傾けるようにしましょう。特に仕事のできる社員や独立心の強い社員が企業理念や労働条件などに疑問を持った場合、社員本人が納得できるような説明や改善が得られなければ、最終的に会社を自らの意思で退職してしまう可能性が高いといえます。こうした社員の中には、会社内の優秀な社員を巻き込んで新しい会社を設立したり、転職後に優秀な社員を新しい会社に引き抜いたりするケースも見られます。また、会社の顧客情報や技術を持ち出す問題社員もいないとは限りませんから、十分に注意してください。

■ 業績不振でリストラを考えたときの悩みと決断

　業績不振といっても内情は様々です。業績不振が一時的なもので、業績回復の見通しがある程度立っている場合には、その時期だけ耐えることができればよいといえます。したがって、人件費には手をつけずに、他の方法で支出を抑えるようにして、その時期を耐える方法が妥当だと考えられます。業績回復の見込みがあるのに、社員を解雇したり賃金カットを行ったりすると、人手不足や社員の士気の低下を招くだけでなく、それが原因で生産能力が下がり、結果的に見通しに反して業績回復の速度が遅くなる可能性があるからです。

　一方、業界全体が落ち込んでいたり、感染症や自然災害の影響が深刻であったりして、業績を容易に浮上させることが厳しい状況にある場合には、業績回復の見込みが立っていないといえます。この場合に過剰な人員を抱えたまま経営を続けると、最終的に会社が倒産する危険性があります。売上げの回復が見込めず、減少する可能性が高いと判断したときは、早い段階で事業規模を縮小するなどの決断をする必要があります。対応が遅れると、それだけ会社の受ける損害は大きく

■ 社員のとりうる行動とは ……………………………………………

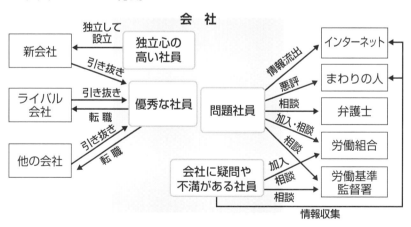

なり、踏みとどまることができなくなる可能性もあります。こうした事態に備えるためにも、日頃から会社にとって重要度の高い社員は誰なのか、把握しておくことが望まれます。

■ 会社が倒産するとどうなる

　たとえば、中小企業の経営者は、会社のために自宅を抵当（担保）に入れて融資を受けている場合や、自己資金を会社に融資している場合もあります。その場合、会社が倒産すると、経営者やその家族は、自宅をはじめとする多くの財産を失います。会社のために保証人になってくれた親族や親しい人は、多額の保証債務を負担することになります。それまで大切にしてきた社員とその家族は、会社が倒産することで生活の基盤を失いかねません。

　さらに、会社からの支払いをあてにしていた取引先が倒産するかもしれません。そうすると、取引先の社員と家族も、同じように生活の基盤を失ってしまう可能性があります。

　以上のことを避けるためには、経営者は会社を存続させるように最善を尽くさなければなりません。たとえば、複数の主要取引先が立て続けに倒産したために、受注が激減し、直近の売掛金を回収できないことが確実となるだけでなく、当分の間、受注も売上げも増える見込みがなくなったとします。この場合、放置しておくとあっという間に倒産してしまう、という非常事態であるため、短期間で効果の高い対策を行う必要があります。通常の経費削減に加えて、賃金の引下げや人員削減など、採り得る手段を同時に進めます。複数の生産拠点がある場合には、一部の拠点の操業を停止したり、拠点ごと他社に売却したりするなど、思い切った手法で事業を縮小しなければ対応できない場合もあります。このように時間的に余裕がない場合は、賞与を不支給とし、社員の給与をカットすると共に、社員数そのものを減らして人件費を会社の状況に見合った状態にしなければならない可能性があります。

2 リストラをする前にすべきことはいろいろある

会社にとって必要かどうかを見極めて社員をランク付けする

■ 人件費削減を考える場合のセオリー

会社が経営危機に陥ったとしても、無計画に人件費を削減するわけにはいきません。金融機関からの借入れを検討する場合、提出用として経営改善計画を立てる必要がありますが、経営改善計画は約3〜5年程度で達成できるような目標を掲げて作成します。この計画に基づいて、今後生じる損益を計算し、目標とする利益額を定め、削減すべき人件費の目標額を算出します。人件費削減の前提として、その他の経費についても削減すべき目標額を算出します。

そして、社員（従業員）の賃金の削減を行う前に、会社にとって不要と考える社員や問題社員に対して退職勧奨を行いますが、退職勧奨を進めても目標額に達しない場合は希望退職を募ります。それでも足りない場合は、一般社員に対しても退職勧奨を行います。それでも目標額に達しない場合には、社員の労働条件の変更（賃金引下げなど）を行うと共に、指名解雇（会社が決めた特定の社員の解雇を行うこと）を実施します。それでも目標額に達しなければ、最終的に整理解雇（リストラ）を実施します。

■ 前提として何をしておくべきか

人件費削減の実行に移る前に、会社側としては「できる限りの削減はした」と主張できる状況にしておく必要があります。その準備として、①経費の削減、②遊休資産（使用・稼働を休止している資産のこと）の処分、③役員に関わる費用の節減が挙げられます。

① 経費の削減

外注費、仕入れ費用、販売費、一般管理費の削減が考えられます。外注を控えたり、仕入れルートの見直しを行ったりする方法をとることで、経費の削減をめざします。また、販売費に含まれる交際費・広告宣伝費・旅費・交通費・販売手数料などを見直し、会社の経費として使える場合を、会社の状況にあわせて合理的・経済的な場合に限るといった工夫が必要です。

② 遊休資産の処分

　特にゴルフ場の会員権などは、率先して処分した方がよいでしょう。場合によっては、会社が保有する不要な土地・建物・有価証券の売却や、加入している保険の解約も検討します。

③ 役員に関する費用の節減

　非常勤役員の退任や、役職に見合った働きをしない役員の降格・退任の他、役員専用の車両や旅費などの特別手当の節減を行います。役員の同意を得て報酬を減額することも検討した方がよいでしょう。任期途中においては、原則として役員の報酬を会社側が一方的に減額できないことに注意すべきです。会社の経営状況に照らせば、通常は報酬の減額に役員も同意することになるでしょう。

■ 賃下げの前に能力不足の社員などの退職勧奨を検討する

　前述した3つの手段をとった後は、いよいよ人件費の削減を検討します。しかし、いきなり社員の給料を一律カットするのはよくありません。各人の能力を一律に見て同じ対応をすると、有能な社員のやる気まで奪います。有能な社員が会社を去り、能力不足の社員などが残るという状況になりかねません。有能な社員に辞められないように、またこの機会に能力不足の社員などを減らせるように、賃下げの前に対象となる社員への退職勧奨を行います。

　退職勧奨を行うに先立って、各社員の査定を行います。その上で、全社員について、退職勧奨の対象とするかどうかのランク付けを行い

ます。具体的には、「なくてはならない従業員→必要な社員→いても
いなくてもよい社員→不要と考える従業員→問題社員」というように
ランク付けをします。ランク付け後、どのランクまでを退職勧奨の対
象とするのかを決めて、目標額まで人件費を削減できたら、そこで退
職勧奨を終えるようにします。

■ 人件費削減のセオリー ………………………………………………

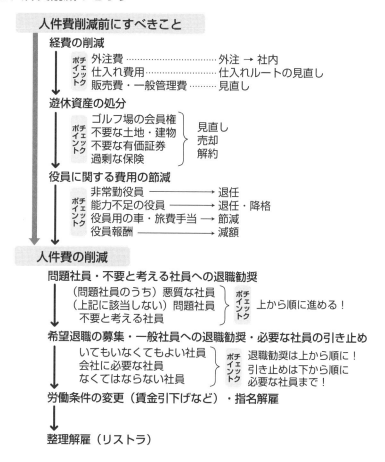

人件費削減前にすべきこと

経費の削減

ポイントチェック
外注費 ………………………… 外注 → 社内
仕入れ費用 ……………… 仕入れルートの見直し
販売費・一般管理費 ……… 見直し

遊休資産の処分

ポイントチェック
ゴルフ場の会員権
不要な土地・建物 ┐ 見直し
不要な有価証券 ┤ 売却
過剰な保険 ┘ 解約

役員に関する費用の節減

ポイントチェック
非常勤役員 ―――――→ 退任
能力不足の役員 ――――→ 退任・降格
役員用の車・旅費手当 → 節減
役員報酬 ―――――→ 減額

人件費の削減

問題社員・不要と考える社員への退職勧奨

（問題社員のうち）悪質な社員 ┐ ポイントチェック
（上記に該当しない）問題社員 ┤ 上から順に進める！
不要と考える社員 ┘

希望退職の募集・一般社員への退職勧奨・必要な社員の引き止め

いてもいなくてもよい社員 ┐ ポイントチェック 退職勧奨は上から順に！
会社に必要な社員 ┤ 引き止めは下から順に
なくてはならない社員 ┘ 必要な社員まで！

労働条件の変更（賃金引下げなど）・指名解雇

整理解雇（リストラ）

③ 賃金をどうカットすればよいのか

一律カットするのか、個別に対応するのかを決めて実施する

■ 賃金を合法的にカットする方法はあるのか

　会社の経営に危険信号がともったときに、経営者が検討すべきことは、不要と考える社員の解雇や社員の賃金のカットです。ただ、解雇については、特に中小企業の場合は、少人数で事業を展開していることもあり、今以上の人員削減は難しいという事態も生じ得ます。したがって、賃金カットをどのように行うかということを、本格的に検討する必要が出てきます。

　賃金には、基本給、残業手当、住宅手当、家族手当、精勤手当、役職手当、通勤手当など様々な種類があります（次ページ図）。これらの手当を廃止・削減するという方法で人件費を削減することができますが、その際には、一律にカットするのか、社員（従業員）ごとに異なった対応をするのか、といった観点から妥当な方法を見極める必要があります。どの方法も、基本的には社員にとって不利益な状況がもたらされるものですから、実施前には会社の状況や、変更後にどのような状態になるのかを、社員に対して十分に説明する必要があります。さらに、賃金カットを行うことについては、社員の同意を必要とするのが原則です。

■ 社員の同意を得なければならないのが原則

　人件費を節約する必要があっても、社員の賃金カットを一方的に行うことはできません。賃金カットは雇用契約の不利益変更に該当するため、原則として社員の同意が必要です（労働契約法9条）。

　賃金カットの手順は、賃金カットの理由や減額幅などを社員に対し

18

て十分に説明し、個別の同意を得た上で、同意書を作成してもらいます。その後、賃金カットを就業規則（賃金規程がある場合は賃金規程）に反映させ、変更後の就業規則や賃金規程を所轄の労働基準監督署に届け出ます。

　これに対し、社員の同意のない賃金カットは、就業規則（賃金規程）の変更などによって可能ですが、合理的な理由と社員への周知が必要です（21ページ図、労働契約法10条）。しかし、トラブルになることが多いだけでなく、裁判で有効と認めてもらうためのハードルが高く、一方的決定に反発した有能な社員が去る可能性も高まります。

■ 会社が定める主な手当の内容 ………………………………………

手　　当	内　　容
基　本　給	勤務年数・職務能力などに応じて支給される。手当の中で最も基本となるもの
役　付　手　当	管理職（部長、課長など）の肩書きをもつ者に対して、その責任の度合いに応じて支給される
職　務　手　当	従業員の職責や職務負担などに応じて支給される
資　格　手　当	事業所が給与規程などで指定している資格をもっている者に対して支給される
技　能　手　当	事業所の業務に有用な技能や資格を持っている者に対して支給される
家　族　手　当	配偶者・子・父母・孫・祖父母などの扶養状況やその年齢などに応じて支給される
住　宅　手　当	社宅以外の持家などに居住している者に対して支給される
単身赴任手当	転勤などにより家族と別居して働く者（単身赴任者）に対して支給される
子女教育手当	学校などに通っている子供がいる者に対して支給される
通　勤　手　当	通勤にかかる交通費に応じて支給される
精皆勤手当	従業員の勤怠状況に応じて支給される

賃金カットは社員の同意を得るべきでしょう。

■賃金カットについて社員から同意書を取得する

　賃金カットを行う場合の社員の同意は、書面で得るようにしましょう。同意を得るときに使う書面は、「賃金減額に関する同意書」「賃金カットに関する同意書」といったタイトルで、全社員分を個別に用意します（23ページ）。同意書の名称はカットする項目にあわせて適宜変更します。同意書には、カットする項目、カット率、カットする期間などの詳細を明記し、同意した社員の所属部署、氏名、記名押印、同意した日付を記載します。個別の社員から得た同意書は、まとめて保管しておき、その際、全社員のうちの何割の同意書が集まったのかを確認しておきます。

　全社員の9割以上の同意書を集められた場合には、提示したカット率やカットする期間などを労働条件の変更内容として、就業規則に反映させても大きな問題は生じません。しかし、同意書が6〜7割程度しか集まらなかった場合には、提示したカット率やカットする期間などに問題がある可能性が高いといえます。一般的にカット率は10％が限界であると言われています。これを超えるカット率になると、社員の生活が苦しくなるため、社員も同意できない可能性が高いのです。

　したがって、同意の割合が低い場合は、提案したカット率に無理がないかを確認しましょう。賃金額に応じてカット率を変更することで、特に賃金の少ない社員が大きな打撃を受けないようにする配慮も必要です。このように、同意書を集めた際には、同意している社員の割合をもとに、その方法が社員にとって適切なものであるかどうかを判断するようにしましょう。賃金カットは、現状の苦しい状態を切り抜けるために費用を削減する一手段にすぎません。賃金カットを行うことで生じる不都合の方が大きい場合には、他の方法も併用するといった柔軟な対応が必要になってきます。

■ 士気を大きく下げずに賃金カットをする方法を考える

賃金カットについて、カット率やカットする期間などを明示した上で社員の同意を得た場合、実際に賃金のカットを実行することになりますが、その際、賃金のどの項目でカットするかを検討します。基本給をカットするのか、それとも役職手当をカットするのかという問題です。具体的な項目としては、基本給、家族手当、住宅手当、皆勤手当、役職手当、通勤手当などが考えられます。このうち通勤手当は、一律いくらのカット率とするのに適さないので、「ムダな経路の分を計上しない」「一律いくら支給として、それ以上は支給しない」といった方法で行うのがよいでしょう。

また、基本給のカットに踏み切る場合には、役職手当のカットを行ってからの方が、大部分を占める一般社員の理解を得やすいでしょう。カットする項目もカット率と同様、カットされた社員の生活が大きく悪化しないように配慮する必要があります。この観点からは、皆勤手当は他の手当と比べてカットしやすい項目といえるかもしれません。

なお、賃金カットによって生活が苦しくなる社員のために、生活資金を貸し付ける方法をとることができる場合には、貸付制度の導入も

■ 就業規則による労働条件の不利益変更（労働契約法10条）……

原則 … 労働者の同意がなければ無効

例外 … 変更後の就業規則を労働者に知らせた上、
変更に合理性があれば有効

▼

合理性の判断基準

以下の事項を総合的に判断する
- 不利益の程度
- 他の従業員の対応
- 労働条件の変更の必要性
- 変更後の条件の水準
- 同種他社の水準
- 代償措置の有無
- 社会通念（一般常識）
- 労働組合の対応
- 職場規律のための変更の必要性

併用するとよいでしょう。この場合、あくまでも社員の生活を支援するためのものですから、カット額に見合った金額でとどめるようにします。貸付金には利息をつけますが、この利息は低金利にとどめるように気をつけてください。金利を高く設定したのでは、社員の生活を支援する意味合いが薄れるからです。

実際に貸付けを行う際には、貸付金の返済方法、返済期間、返済額を明記した書面を提出させるようにしましょう。また、社員の給与や退職金から天引きする方法で、確実に貸付金を回収できるようにしておくことも考えられます。

■ 休日の増加や労働時間の短縮を検討する

直接的に賃金カットをされてしまうと、いくら会社の窮状を社員に説明しても、ある程度の士気の低下は免れないといえます。これを最小限にとどめるためには、社員の休日を増やしたり、1週当たりの労働時間を短縮したりして、総労働時間を減らす方法によって人件費を削減することも検討してみましょう。休日を増やせば労働日が減るので、結果的に総労働時間を減らすことができます。

この減少に伴って賃金が下がっても、労働時間が従来のままで賃金だけが下がる場合よりも、社員の士気を保てる可能性は高いといえます。ただし、休日の増加や1週間当たりの労働時間の短縮を行う場合も、雇用契約の不利益変更に該当するため、直接的な賃金カットと同様、原則として社員の同意が必要です。

なお、休日の増加や1週間当たりの労働時間の短縮を一時的な処置として考えている場合には、雇用契約の変更をしない方法も考えられます。この場合は、増やした休日の分や本来労働時間とされていた時間（不就労時間）の分に相当する賃金を、まったく支払わないわけにはいきません。具体的には、労働基準法26条が規定する休業手当として、社員の平均賃金の6割以上を支払う必要があります。雇用契約の

変更をしないときは、それによって得られる人件費の節約が、休日の増加や労働時間の短縮によって生じる会社側の不都合に見合うかどうかを検討する必要があります。ここでの「不都合」とは、たとえば、休日の増加に伴って会社の営業日が変更となったり、取引先との調整がしにくくなったりするという業務上の不都合から、工場の稼働率が下がることで生じる売上げの減少などです。

■ 昇給を停止する場合の注意点

会社の業績が思わしくない場合には、全社員を一律に昇給すること

✎ 書式　賃金減額に関する合意書

令和○年○月○日

株式会社○○○○
代表取締役　　○○○○　　殿

賃金減額に関する合意書

　貴社より説明を受けました、経営状況悪化を理由とする下記の内容の賃金減額につき、異議なく同意いたします。

記

　令和○年○月〜令和○年○月までの月例賃金につき、支給額を○％減額する。

株式会社○○○○

所属　　　○○部
氏名　　　○○○○　㊞

は困難であるのが実情ですから、昇給を停止するのは合理的だといえます。ただ、会社を存続させ、その後も事業を継続するためには、そこで働く社員の士気を下げないようにする必要があります。昇給を停止する場合には、会社が置かれている厳しい状況を社員に詳しく説明し、業績が回復したら昇給を再開することを明らかにする、といった誠実な対応が必要です。

　昇給を停止する場合、能力や将来性の有無など、各社員の査定をせずに一律に昇給を停止させるのは得策ではありません。全社員の昇給を停止するのではなく、各社員の能力や将来性の有無などを個別に評価した上で、昇給の停止の有無を決めた方がよいでしょう。なお、就業規則で定期的な昇給を明示している場合には、その文言を会社側に昇給義務が生じないように変更する必要があります。

■ 賞与をカットする場合の注意点

　賞与（ボーナス）をカットする場合には、就業規則や賞与規程、賃金規程の内容に注意する必要があります。就業規則などによって支給額や支給率が具体的に確定している場合には、賞与を支給する必要があります。行政上の解釈によると、定期的にあるいは臨時で社員の勤務状況や業績に応じて支給され、あらかじめ支給額が確定していないものが賞与に該当します。したがって、あらかじめ支給額が定まっている場合は、行政上の解釈としては賞与には該当しないのです（賃金に該当すると解釈されます）。

　一方、就業規則などに支給額や支給率といった定めがなく、単に「賞与を支給することがある」という抽象的な記載があるだけの場合には、賞与を支給しなくても違法とはなりません。しかし、賞与を支給しないことで従業員の士気が下がるのは当然といえます。したがって、支給しないことを決めたら、早い段階で社員にその事実を知らせ、会社が置かれている厳しい状況を説明し、理解を得る努力が必要です。

また、昇給の停止と同様、賞与が再び支給される時期についても、具体的な条件を示し、士気の低下を最低限にとどめ、社員のやる気を引き出すようにしましょう。

■ 賃金をカットする場合のチェックポイント ………………………

基本給のカット

- ・就業規則（賃金規程）の規定を確認する
- ・労働協約を締結できないか検討する

残業手当のカット

- ・残業時間を減らすしくみを検討する
- ・固定残業制度がある場合には廃止を検討する

通勤手当のカット

- ・社員の申請した経路にムダがないか確認する
- ・経路や支給額の決定方法が妥当かどうか確認する
- ・ガソリン代を支給している場合には、支給基準や支給額が
　妥当かどうか確認する

住宅手当・家族手当のカット

- ・社員の士気が低下しないような代替案を検討する

精勤手当のカット

- ・精勤手当それ自体の導入意図を確認する
- ・遅刻・欠勤の防止策として導入している場合には、その効果の
　有無を確認する

役職手当のカット

- ・前提として経営者の報酬を役職者が納得できる程度に減額したか
　どうか確認する
- ・事前に説明して同意を得られているかどうか確認する
- ・カットの程度が妥当かどうかを確認する

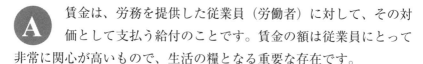

Q 経営危機から脱却するため、従業員給与の一律８％カットを実施する予定です。労働組合などに反対されても強行するつもりですが、何か問題になるでしょうか。

A 　賃金は、労務を提供した従業員（労働者）に対して、その対価として支払う給付のことです。賃金の額は従業員にとって非常に関心が高いもので、生活の糧となる重要な存在です。

　そのため、従業員の同意なしに賃金カットを行うことは、従業員本人だけでなく、その家族にとっても死活問題であり、労働条件（雇用契約）の不利益変更にあたります。労働条件の不利益変更の際には、労働協約を結ぶか、就業規則を変更する（または就業規則に定める）ことに加えて、個別の従業員の合意を得るといった手続きが必要です（労働契約法９条）。会社側が一方的に賃金カットをするのは、従業員保護のために禁じられています。

　ただし、労働条件の不利益変更は絶対に認められないわけではなく、就業規則の変更などに加えて、合理的な理由の存在と従業員に周知させていれば可能です（労働契約法10条）。これに基づいて賃金カットが有効であると認められた場合は、同意をしていない従業員も含めた賃金カットを実施できます。「合理的な理由」があるかどうかは、①従業員の受ける不利益の程度、②労働条件の変更の必要性、③変更後の就業規則などの内容の相当性、④労働組合などとの交渉の状況、などの事情を総合的に考慮して判断されます。たとえば、②の事情としては、賃金カットをしなければ会社の経営が成り立たなくなるような状況が考えられます。もっとも、合理的な理由が存在すると認められるためのハードルは高いことに留意が必要です。例外的な事情がない限り、会社側が一方的に賃金カットをすることはできず、一方的に賃金カットを実施した場合は、労働者より減額分の賃金を請求されるといったトラブルが生じる可能性が高いといえるでしょう。

Q あまりにもミスが多く、モチベーションも感じられない
パート従業員がいるのですが、契約期間中に賃金を下げ
ることは認められないのでしょうか。

A 労働者（従業員）の勤怠や勤務態度などに問題がある場合、
経営者側がとり得る手段として減給（賃金を下げること）が
あります。しかし、減給は労働条件の不利益変更に該当するため、例
外的な事情がない限り、会社側からの一方的な減給はできず、双方が
合意して初めて減給が可能になります（18ページ）。

　したがって、減給をする方法としては、パート従業員の業務内容の
レベルが、そのパート従業員よりも賃金の低い労働者と同程度と判断
できる場合には、他の労働者と同額の賃金にすることを伝え、本人の
同意を得ることが考えられます。遅刻などによる業務への影響や他の
労働者との比較を数値化して示すなど、減給が妥当であることを説明
して理解させることが必要です。

　その他には、懲戒処分として減給をする方法もあります。懲戒処分
の根拠となる就業規則などの存在が前提ですが、通常は軽い懲戒処分
から始めます。減給に至るまでの懲戒処分としては、①戒告、②けん
責があります。まずは戒告として口頭または文書により厳重注意を行
い、改善が見られない場合はけん責として始末書をとります。それで
も改善しない場合に減給を行います。「すぐに減給を行わない」とい
うスタンスが大切です。減給額の幅については、労働基準法91条で「1
回の額が平均賃金の1日分の半額を超え、総額が一賃金支払期（月給
の場合は1か月）における賃金総額の10分の1を超えてはならない」
という制限があります。減給対象として考えているパート従業員の仕
事ぶりが改善した場合は賃金を据え置くつもりであれば、まず本人に
注意や改善指導を行い、様子を見る配慮も必要です。部署を配置転換
することにより勤務態度が改善される場合もあります。

Q 正社員雇用が経営の足かせになっていると感じ、人件費削減のため、正社員１名をアルバイトに切り替え、もう１名を外注扱いにする予定です。どのような点に気をつけたらよいでしょうか。

A 効率的に人件費を削減したい気持ちはわかりますが、どちらについても、原則として正社員本人の同意が必要になるため、実行に移すのは難しいかもしれません。

　正社員のうち１名をアルバイトに切り替えるケースは、労働条件の不利益変更であるため、本人の同意を得る必要があります。「アルバイトへの変更に同意しなければ解雇する」などと脅して無理矢理同意させても、真意による同意とはいえず無効です。同意を得る際には、アルバイトへの変更による不利益を十分に説明しなければなりません。これに対し、同意を得ないで会社側が一方的にアルバイトへと変更することは、正社員の受ける不利益の程度が非常に大きいことから、合理的な理由が認められないと考えられます。

　もう１名の正社員を外注とするケースは、その手順としては、正社員との雇用契約を終了させ、新たに業務委託契約を締結することになりますが、アルバイトへの切り替えと同様、その正社員の同意が必要です。同意がない状況で、その正社員を外注扱いとするためには、その正社員を解雇する必要があります。しかし、合理的理由や社会通念上の相当性が認められず、解雇権の濫用として無効となる可能性が高いと考えられます。そして、解雇となった正社員が会社と業務委託契約を締結しない限り、その正社員に対して外注として業務を委託することはできません。また、正社員をアルバイトに変更する場合と同様、外注として業務委託する場合には、その正社員がどのような不利益を受けるのか（会社の雇用保険や社会保険の対象から外れる点など）につき、本人に対して十分に説明する必要があります。

4 退職について知っておこう

解雇以外の労働契約の終了には種類がある

■ 退職とは

退職とは、解雇（会社側からの一方的な雇用契約の解除）以外を原因とする雇用契約の終了を意味します。主な退職の種類として、自己都合退職、定年退職、契約期間の満了（雇止め）があります。その他、勧奨退職が争いの原因となるケースが多いといえます。

・自己都合退職

自己都合退職とは、従業員側（社員側）の都合を原因とする退職です。無期雇用契約（契約期間の定めのない雇用契約）を結んでいる正社員の退職として多いケースです。後任者の配置や業務の引き継ぎを考慮して、就業規則で「退職の申し出は、退職予定日の１か月前までに行うものとする」などと定めているのが一般的です。この場合は、労働者からの退職の申し出を会社が承諾することによって、労働契約の終了が決定します。

しかし、民法627条１項によると、従業員が無期雇用契約を終了させる通知をすれば、通知の日から２週間経過すると、会社側の意向に関係なく無期雇用契約が終了します。民法の規定が就業規則より優先するので、従業員が２週間後に退職しても文句はいえません。なお、従業員からの退職の申し出や通知は書面による必要はなく、退職の意思が真意に基づく明確なものであれば、口頭でなされても有効です。しかし、失業等給付などの手続きにおいて、退職事由を証明する書面の提出が求められることがあるので、退職届などの書面を提出してもらうのが望ましいといえます。

・定年退職

定年退職とは、就業規則などが定める一定の年齢（定年年齢）を
もって自動的に雇用契約が終了する制度です。高年齢者雇用安定法に
よると、定年年齢は60歳を下回ることができず、高年齢者の雇用確保
のため、65歳までの定年年齢の引上げ、定年の定めの廃止、65歳まで
の継続雇用制度の導入、のいずれかの措置を会社が講じることが義務
付けられています。

・契約期間の満了（雇止め）

契約期間の満了は、有期雇用契約（契約期間の定めがある雇用契
約）の退職事由のひとつで、契約更新がなされない限り、契約期間の
満了を原因として雇用契約が終了します。これを雇止めといいます。
なお、契約期間の満了前に退職を認める就業規則などの規定がない場
合で、やむを得ない事由がないにもかかわらず、従業員が一方的に退
職することは、民法628条に違反するため、会社が従業員に損害賠償
請求ができる余地が生じます。

■ 勧奨退職について

勧奨退職とは、会社側から退職を勧めて（退職勧奨）、それに従業
員が応じて退職願を提出したことを原因とする退職です。従業員が退
職勧奨に応じても、強迫（怖がること）または錯誤（かん違いをする
こと）によるものであるときは、勧奨退職が無効となると考えられて
います。場合によっては、民法上の不法行為（故意または過失によっ
て他人の身体や財産に損害を与えること）に該当し、従業員から損害
賠償請求を受けることがあります。

なお、雇用保険法による失業等給付（基本手当）の受給手続きにお
いては、勧奨退職による被保険者の資格喪失は「特定受給資格者」と
認定されます。

5 希望退職について知っておこう

希望退職の募集時には有能な社員を逃さないようにする

■ 希望退職を募るのはなぜなのか

　希望退職とは、社員が自由意思によって自発的に退職を申し込むように会社が誘引することです。希望退職は、会社が自発的に行うもので、特に法律上実施しなければならない条件などが定められているわけではありません。具体的には、会社側が、募集対象者、募集人数、募集期間、退職金・割増退職金の金額・支払方法などの条件を希望退職募集要項に明示して、退職希望者を募集します。なお、会社の業績が悪化していない時でも、希望退職を募ることはできます。

　希望退職は、雇用保険上は会社側（事業主）による退職勧奨となり、希望退職に応じて退職した労働者が失業等給付（基本手当）を受給する場合は、特定受給資格者として給付開始時期や給付日数が手厚いものとなります。ただし、恒常的に実施されている早期退職優遇制度で退職した場合は特定受給資格者に該当しません。

　たいていの会社は、会社を再建するために行う整理解雇の前段階として、希望退職の募集を行っています。これは、整理解雇が認められるための4要件（67ページ）のひとつに、「解雇回避措置がとられたこと」という要件があるからです。希望退職の募集を行わずにいきなり整理解雇を行った場合、たいていの会社は、「解雇回避措置がとられたこと」という要件を満たしていないと判断され、有効な整理解雇とは認められないことが多いようです。

　ただし、希望退職を募って有能な社員が辞めてしまうと、会社の経営が立ち行かなくなる、といった事情があるような場合には、希望退職の募集を行わなくても整理解雇が認められる可能性があります。

■ 希望退職募集の流れ

　希望退職の募集をすると決めたら、募集対象者、募集人数、募集期間などを明示した要項を作成し、発表します。募集人員を決めておくと、仮に定員に達しなかった場合にどうすればよいか、あらかじめ対応策を練っておくことができます。また、募集期間を設定する際には、その期間内に定員に達した場合の対応についても決めておき、要項に記載しておくようにします。

　希望退職の募集をする際には、対象者全員と面談を行い、応募を受け付け、期間満了後あるいは募集人数到達後、募集を締め切って、応募者の退職、退職金・割増退職金の支払いまで滞りなく手続きを進めることになります。面談を行う日時は、辞めてほしくない社員に対しては、応募しないように働きかける必要がありますから、希望退職の応募を受け付ける日より前にするとよいでしょう。面談は１回で終わり、というわけにはいかない場合がほとんどです。

　全員と１回目の面談をすませた後に、応募受付を開始し、期間満了日までの間に必要な社員と２回目以降の面談を行いながら、募集人数に達するか期間満了日まで、辞めてもらいたい社員への退職勧奨と残ってほしい社員への慰留を行います。特に退職勧奨をする際には、退職強要とならないように注意しましょう。

■ 対象者を絞り込むことはできるか

　希望退職の募集を行う際に全社員を対象者とする場合は特に問題はありませんが、特定の人を対象としたい場合、対象者を絞り込むことは許されているのでしょうか。

　この点について、特定の人を恣意的に対象とすることは許されません。たとえば、「女性のみ」「男性のみ」といった具合に性別で対象者を絞り込むことは許されません。また、労働組合に加入している者のみを対象者とすることも許されません。

ただ、年齢や部門、業務の内容などによって希望退職の対象者を絞り込むことは認められます。希望退職の募集によって人件費を効果的に削減しようと思った場合、誰を対象者とするかは重要なポイントです。より効果的に削減するために、「○○歳以上を対象者とする」というように若い社員より人件費が高い年輩の社員を対象としたり、客観的で合理的な理由により不採算部門に勤務している社員を対象としたりすることは認められています。

　また、会社に必要不可欠な社員による希望退職の応募は会社側が承認しないといった方法で、残ってほしい社員を希望退職の対象者から外すことも可能です。この場合には、希望退職募集要項の対象者欄に、「社員が希望退職に応募しても会社が承認しない場合、当該社員に対しては希望退職の制度を適用しない」などの文言を入れておくようにします。

■ 募集期間は長めに設定する

　希望退職の募集をする際には、必ず期間を区切って行うようにします。期間を区切らずにだらだらと募集し続けると、社内の雰囲気が不安定な状態が長く続いてしまいます。また、「○日までに決めなければならない」という締切効果がないために、社員もなかなか退職につ

■ 整理解雇の前段階として行われる希望退職 ………………………

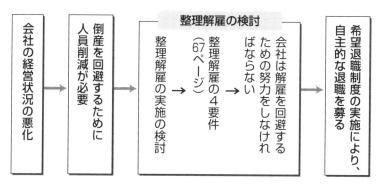

会社の経営状況の悪化 → 倒産を回避するために人員削減が必要 → 整理解雇の検討 [整理解雇の実施の検討 → 整理解雇の4要件（67ページ） → 会社は解雇を回避するための努力をしなければならない] → 希望退職制度の実施により、自主的な退職を募る

いて考えてくれなくなる可能性があります。そうすると、いつまで
たっても予定している募集人員に達しない可能性もあります。こう
いった事態を避けるためには、必ず募集期間を区切る必要があります。
そうすると、仮に予定人数に達しなかったとしても、募集期間を区
切っていれば、次になすべき対策を早め早めに打つことができます。

　募集期間は必ず区切るようにしますが、その期間があまりに短すぎ
るのも考えものです。長々と募集するのはよくありませんが、かと
いって、あまりに短い期間では社員がじっくり考える暇がありません。
外聞を気にしたり社内の混乱を長引かせないようにしたいとの思いか
ら、つい募集期間を短めに設定しがちですが、ここは社員が希望しや
すい環境を提供することを重視すべきでしょう。社員にとって、今勤
務している会社を辞めるということは、生活の糧を失うことを意味し
ます。次の働き先が見つからなければ、すぐに辞めるわけにはいかな
いのが現実です。

　また、社員自身が今後どうすればよいかを考え、家族と話し合う時
間も必要です。このように社員が希望退職に応じやすい環境を整える
ためには、募集開始日から退職日までの期間を4か月から6か月くら
いに設定する必要があります。

　希望退職募集要項の期間の欄には、募集期間（募集開始日・締切
日）、面談日、退職日を明記しますが、その際、「募集期間中であって
も応募者数が募集人員に達した時点で、希望退職の募集は終了するも
のとする」などの文言を入れておくとよいでしょう。このようにする
ことで、仮に期間中に応募者数が予想を上回るほど多かった場合でも、
手間取ることなく対応することができます。

■ 退職金と割増退職金について

　希望退職は会社都合による退職です。そのため、退職金規程がある
場合には、それに従って退職金を支払う必要があります。さらに、希

望退職を成功させるためには、通常の退職金に加えて、退職する社員が再就職先を見つけるまでの生活を支援するための割増退職金（退職加算金）を支払うことが求められます。

　人件費を削って会社の再建をめざすために希望退職を募るわけですから、できる限り費用をかけたくないところですが、割増退職金を出し渋って希望者が集まらないと、かえって時間と費用がかさむことになりかねません。社員が希望退職の募集に応じやすい金額を支払う方が、結果的に人件費の削減につながります。

　社員が希望退職の募集に応じやすい割増退職金の具体的な金額は、退職する社員が再就職先を見つけるまでの期間の月給が目安となります。年齢や業種、景気に左右される部分もありますが、30歳代〜50歳代では6か月〜7か月分の給与がひとつの目安です。

■ 面談の必要性

　希望退職を募集すると言われても、あまりに突然で説明もない、といった状況では、社員は不安に思い、必要以上に混乱状態に陥るで

■ 希望退職を実施する際のチェックポイント ……………………

チェックポイント

- ☐ 面接回数は多くて3回、面接時間は長くて1時間が目安
- ☐ 辞めてほしい人と残ってほしい人を整理しておく
- ☐ 残ってほしい人に対して、応募する意思の有無を確認し、応募しないように説得・慰留する
- ☐ 辞めてもらいたい人に対して、応募する意思の有無を確認する
- ☐ 辞めてもらいたい人に応募の意思がない場合には、会社としての意向を伝え、再考をうながす
- ☐ 本人のプライドを傷つけないように注意する
- ☐ 再考を促すときなどは、退職強要と言われないよう、威圧的・差別的な言動を行うのは避ける

しょう。有能な社員ほど、会社に見切りをつけて希望退職に応募してしまう可能性も高いといえます。社員の不安をおさえ、混乱状態を防ぐためには、会社の置かれている状況と、これまでの経緯、そして、これからの方針や、希望退職の具体的な内容を誠実に説明する必要があります。

　また、社員に対する会社の評価も一人ずつ丁寧に伝える必要があります。有能な社員に対しては、会社として、その社員には残ってほしいと考えていること、その社員の能力を評価していることを伝え、将来任せる業務内容などを詳しく説明し、希望退職の募集に応じることのないように説得します。

　こうしたことを実現するためには、希望退職の対象者全員と個別面談をする必要があります。なお、辞めてほしい社員については、応募する気になるように、募集期間中に何度か面談を重ねる必要があります。また、同じ人と複数面談をする際には、考える時間を十分に提供するために、前の面談日から１か月以上空けて次の面談を行うとよいでしょう。

■ 希望退職制度の流れ ……………………………………………

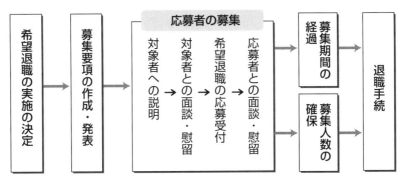

6 希望退職の面談はどうしたらよいのか

希望退職への応募の説得は退職勧奨にあたることに留意する

■ 面談で成果を上げるには

　希望退職の面談では、残ってもらいたい社員が希望退職に応募しないように説得しつつ、辞めてもらいたい社員には希望退職に応募してもらうようにする必要があります。そのため、個別面談を実施する際には、絶対に残ってほしい社員や、できれば辞めてほしい社員などを、あらかじめリストアップしておきます。

　いずれの社員についても、1回目の面談では、希望退職を募集することになった経緯と、会社側の本人への評価を説明し、本人に応募する意思があるかどうかを尋ねることになります。

　残ってもらいたい社員については、1回目の面談で本人に応募するつもりがなければ、2回目以降の面談を実施する必要はありません。迷っている様子が伺える場合には、この段階から慰留することになります。具体的には、今後の事業計画を説明し、いっしょに会社の再建に力を尽くしてもらえるように説得します。希望退職を募集する状況では金銭面での厚待遇は約束できないでしょうが、やりがいのある仕事を任せるといった形で説得することは可能です。「あなたでなければできないことをお願いしたい」というように、会社がいかにその社員を評価していて必要としているかを伝え、将来的には重要な業務を任せたいと考えていることを誠実に伝えるとよいでしょう。

　反対に、辞めてもらいたい社員については、1回目の面談で応募するつもりがある者には以後の手続きを説明し、スムーズに応募できるように対応します。応募する雰囲気がない場合には、その場で判断を迫ることは避け、次回の面談の日程を決めて、その間によく考えても

らうようにします。2回目以降は、十分に考える時間を与えながら、3回ほど面談を行い、応募するかどうかを確認します。残ってもらいたい社員、辞めてもらいたい社員、のいずれにも該当しない社員については、その社員の意向を尊重するようにします。そのため、面談の場では会社の置かれている状況を説明し、希望退職に応募した場合にはどうなるのか、具体的な条件などを漏らさずに伝えるようにします。その上で、今後に生かすために社員の意見を聞くようにするとよいでしょう。

■ 相手にあったやり方で希望退職を促すのがコツ

　明らかに能力や勤務態度などに問題がある社員に退職勧奨を行う場合には、それを裏付ける資料などを本人に見せて、希望退職に応募するように説明している理由を明確に示すことで、説得力を高めることができます。対応が難しいのは、明らかに問題があるわけではないものの、総合的な判断から、この機会に辞めてもらいたい社員です。このような社員には、資料を見せて説明する手法はとりにくいといえます。そのため、本人のプライドを傷つけないように注意しつつ、「あなたほどの能力がある人であれば、他社から引く手あまたのはず。うちの会社でしかやっていけない社員のためにも、他社で活躍することを考えてみてほしい」といった発言で、その人の能力を立てる姿勢を崩さずに、希望退職に応募してもらうようにしましょう。

　古くから会社に貢献してきた定年間近の社員も、希望退職への応募を勧めにくい相手といえます。この場合には、誠心誠意を込めて会社の状況を説明し、経営者自らが頭を下げて、希望退職に応じてもらうように説得するのが最善の方法です。対象者よりも年齢の低い社員や勤続年数が下の社員が面談にあたることは、できる限り避けた方がよいでしょう。説得の際には、今までの功労をねぎらう意味でも割増退職金は多めに提示し、退職後にその社員が困らないように、会社が最

大限のことをするようにしましょう。

■ 面談の際に注意すること

　面談の際に気をつけたいのは説得の方法です。希望退職について説明するにとどまらず、希望退職に応募するように会社側が説得する段階に至ると、それは退職勧奨にあたります。退職勧奨に応じるかどうかは社員の自由ですから、会社側が一方的に雇用契約を解消するような手法をとらないように注意が必要です。面談に威圧的な態度で臨んだり、相手を侮辱するような言動をしたりしないように気をつけましょう。何度も説得をして社員を精神的に追い詰めることをすると、社員に心理的圧迫を与えたとして、その退職が違法かつ無効となる可能性が高いといえます。

　また、説得に応じようとしない社員に対して、遠隔地への転勤などの不利益な取扱いをした場合も、その取扱いが違法かつ無効となる可能性が高いといえます。したがって、面談の際には、「不利益な取扱いをされたことで退職に追い込まれた」などと主張されないように注意する必要があります。

　具体的には、希望退職に応募するように説得を行う際には、1回の面談時間を長くても1時間程度とし、回数も3回程度にとどめるようにします。辞めてほしい社員への説得を行う場合は感情的な表現を使いがちですが、そうならないように注意し、冷静かつ丁寧に説得する必要があります。事前に話したいことをまとめた資料を準備し、それ以外のことは言わないようにすると感情的にならずに対応することができます。面談に使う場所も開放的かつ明るい場所とし、必要以上に社員を圧迫しないように注意します。また、他の社員に話の内容が聞こえる場所も避けてください。さらに、男女差別と受け止められる発言や、相手の身体的な欠陥や宗教、思想などについての発言は厳禁です。

7 退職勧奨について知っておこう

退職勧奨に応じるかどうかは社員の自由である点に注意する

■ 解雇と退職勧奨の違い

退職勧奨とは、会社側（使用者）が社員（労働者）に対して、会社を辞めてもらうように依頼・説得することです。社員は退職勧奨に応じて辞めることもできますが、断ることもできます。

解雇の場合、会社側がいつでも自由に社員を解雇できることになると、社員は安心して働くことができないため、法律上の制約によって、簡単には社員を解雇できないしくみになっています（50ページ）。これに対し、退職勧奨の場合は、解雇のような強力な効果がないので、法律上の制約もありません。したがって、退職勧奨に関する規定が就業規則や雇用契約書などにない場合でも、会社側は自由に退職勧奨を行うことができます。また、対象者の退職予定日の30日前までに予告するか、予告手当を支払うといった義務もありません。ただ、円満に辞めてもらうために、退職金を上積みすることを提示して、よりスムーズに辞めてもらうように工夫する会社が多いようです。

このように、解雇と比べると自由度の高い退職勧奨ですが、退職勧奨の方法があまりに強引でしつこいときは、退職強要と判断され、社員の退職が違法かつ無効となる場合があります。退職勧奨が退職強要であると判断されると、場合によっては、社員から慰謝料などの損害賠償を請求されることもあります。

■ 合理的な理由があれば大丈夫

退職勧奨は、会社から社員に強制を伴わずに退職を働きかけることですから、常識の範囲内で穏当に行われれば、特に問題のない行為だ

といえます。実際に、退職勧奨をしたことにより労働基準監督署から行政指導を受けるケースは少ないといわれています。したがって、社員に対して不当な圧力をかけるなどの行為がされなければ、違法な退職勧奨ではないということができます。

　本人が「退職勧奨には応じない」との明確な意思表示をしているにもかかわらず、何度も繰り返し退職勧奨を続けることは、民法上の不法行為として、会社が損害賠償責任を問われる場合があります。したがって、社員が退職勧奨には応じないことを明確に回答してきた場合には、違法性を回避するために、退職勧奨は諦めた方がよいということになるでしょう。その場合には、現状のままで雇用を継続するのか、配置転換や関連会社へ出向させるのかなど、本人の労働条件を再検討することになります。また、経営状況によっては、会社として整理解

■ 退職勧奨のスケジュール ……………………………………………

退職勧奨の準備
・目標とする退職日の設定
・理由を裏付ける書類の準備（日頃から改善指導などを積み重ねていた場合にはその書類をまとめておく）
・有給休暇の日数確認と処理方法の決定（消化）
・支払う退職金の額を決定（上乗せの有無と額）
・再就職援助計画や求職活動支援の検討（多数の社員を解雇する場合など）
・スケジュール決定

1回目の面談の実施
・理由の説明
・条件の提示
・質問の受付と回答

最後の面談（面談は3回くらいまでにとどめる）

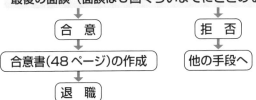

雇に踏み込むことなどを検討する必要がでてくるでしょう。

■ 違法な退職勧奨とはどんな場合なのか

　過去の裁判例として、大幅な赤字を抱えた外国の航空会社の日本支社が、勤務成績の悪い社員に対して退職勧奨を行ったケースがあります。会社からの退職勧奨に応じなかった社員に、上司がさらに強く退職を勧め、嫌がらせや暴力行為を行い、その後、その社員を別室に移して実質的な業務を行わせませんでした。裁判所は、嫌がらせや暴力行為は不法行為であり、仕事を実質的に取り上げることも違法であるとして、会社と上司は損害賠償責任を負うとの判断を下しました。

　その他の裁判例では、3か月間に11回、場合によっては複数の担当者から最長2時間15分に及ぶ退職勧奨が繰り返されるなど、社会通念上許される範囲を超える態様で行われた退職勧奨について、会社の損害賠償責任が認められました。

　以上から、実際に退職勧奨を行った上司などに不法行為にあたる言動がある場合には、会社や上司などの責任が問われることになるといえます。反対に、不法行為にあたらないように配慮した退職勧奨であれば、責任を問われる可能性は低いといえるでしょう。

■ 心理的負荷が強い場合には労災が認定されることもある

　労災認定においても、退職勧奨によるうつ病などの精神障害の発生が問題となっています。退職の意思がないことを明確に表明しているにもかかわらず、執拗に退職を勧められた場合や、恐怖感を抱いてしまうような方法で勧奨された場合などは、その心理的負担が厚生労働省の「心理的負荷による精神障害の認定基準について」の「業務による心理的負荷評価表」により「強」と評価され、労災認定されるケースが増えています。会社側としては、労災問題における今後の大きな課題となりつつあります。

Q 業績悪化を理由にベテラン契約社員を解雇し、その後、新たに給料の安い若手の契約社員を採用することは可能でしょうか。新たに派遣社員を入れるのであれば問題ないでしょうか。

A 業績悪化を理由に社員を解雇することは「整理解雇」にあたります。会社側が整理解雇をするためには、整理解雇の4要件を満たさなければならず、これを満たさない整理解雇は無効になります。整理解雇の4要件は、①人員削減の必要性がある、②解雇を回避するために他の手段を尽くした（解雇回避努力義務）、③解雇される者（被解雇者）の選定基準に合理性がある、④労働者側に説明して十分に協議した（手続きの妥当性）の4つです。

今回のケースのように、人件費削減などを目的として、ベテラン契約社員を解雇し、若手の契約社員を採用する場合、整理解雇の4要件のうち、特に①について問題が生じる可能性があります。整理解雇という最終的な手段を取らざるを得ない一方で、他の社員を採用することは、非常に矛盾した行為であるからです。裁判例でも、人員削減をしながら、他方で従業員の新規募集をした点について、「人員削減の必要性に疑問を抱かせるものがある」と判断し、他の要素も考慮した結果、整理解雇を無効としたものがあります（平成18年5月31日名古屋高裁金沢支部判決〈ホクエツ福井事件〉）。

では、契約社員を採用する代わりに派遣社員を入れる場合はどうでしょうか。通常、派遣社員と派遣先である自社との間に雇用関係はありませんから、整理解雇の4要件への支障はないと思われるかもしれません。しかし、雇用を調整するための派遣社員の受け入れは、慎重に行うことが望ましいとされています。そのため、派遣期間を必要最小限に定める、自社の労働者に派遣社員を入れる理由を十分説明するなど、様々な配慮をすることが必要になるでしょう。

8 円満に辞めてもらうためにしておくこと

社員に退職を決心させる後押しとなることは可能な限り行う

■ トラブルを防ぐためにも退職届や合意書は必要

社員（従業員）に辞めてもらうことは、後になってトラブルに発展しがちです。特に「言った言わない」ということで揉めることは、退職の場面だけでなく、ビジネスを行う上ではよく生じることです。重要な取引で契約書を交わすのはビジネスの基本です。退職勧奨の場合も同じです。社員に「退職します」と言わせることができたら、なるべく早い段階で退職届を書いてもらう必要があります。条件面で合意に達した場合にも、合意書（48ページ）を取り付けるようにしましょう。

また、退職に伴って社員に退職金を支払った場合には、金額を記載した受領証を提出させるようにしましょう。退職金にある程度の金額を上乗せした場合には、金額と共にそのことも明記した上で、受領証を提出してもらうようにします。こうすることで、後にトラブルが生じた場合でも、社員が納得して退職したことを証明しやすくなりますし、社員の方でも会社を相手に訴えを起こすといった態度をとりにくくなります。

また、問題社員に辞めてもらう際には、そこに至った経緯を書面で残しておくことも重要です。具体的には、始末書や警告書、社員指導票など、過去にその社員が起こした問題と、それに対して会社が行った改善指導や教育訓練を記した書類です。これらの書類をまとめておき、退職を促す際には本人にも実際に見せて、納得させた上で辞めてもらうような道筋をつけることができれば、後に訴訟を起こされる可能性は低くなります。仮に社員から訴えられたとしても、会社側の対応に問題がないことを証明しやすくなります。

■ アプローチの仕方が重要

　後のトラブルを防ぐためには、社員とのやりとりを記録に残しておき、退職届や合意書など、会社にとって有利な証拠となる資料を確保しておくことはとても大切なことです。ただ、それ以前にトラブルにならない方法をとることが一番重要です。

　具体的には、社員が自身に対する会社の評価を気にしていることを念頭に入れて、社員の感情を逆撫でしないように注意をしつつ、徐々に退職を促す必要があります。そのためには、時間をかけて説明を重ね、社員に納得してもらった上で退職届を出してもらうような道筋をあらかじめ考えておくことが重要です。

　会社側から「急に辞めてくれ」と言われて、「はいわかりました」と素直に応じる社員はまずいません。特に会社の都合で社員に辞めてもらう場合には、よほど経営状況が逼迫していて、それが日々の業務にも現れているような場合は別として、言われた側の社員は、「突然辞めるように言われた」という印象を抱くのが普通です。

　仮にすぐに退職に応じるような社員がいた場合、その社員はもともと辞めようと思っていたか、すでに会社に見切りをつけていた可能性があります。その一方で、問題社員の場合には、「なんとなく自分はよく思われていない」くらいは感じているかもしれません。しかし、そういう社員でも、いざ退職について話を切り出されたら、驚き、すぐには返事もできないのが通常でしょう。そのときに、社員の話を聞かずに早急の返答を求めたり、一方的に話を進めたりすると、後々大きなトラブルになりかねません。

　ひとたび「不誠実な経営者である」と社員に判断されてしまうと、本来はスムーズに進んだかもしれない人員削減のプロセスが遅々として進まない可能性が出てきます。こうしたトラブルは、たいてい最初のアプローチに失敗したことから生じます。

　退職に向けて社員を説得するために、丁寧かつ誠実に何度も説明す

ることは、経営者からすると面倒に思えるかもしれません。しかし、この面倒とも思える手順を踏まなかったことが原因で、後からトラブルが生じる場合がほとんどなのです。

反対に、経営者自らが誠心誠意を込めて会社の現状を説明して、社員に退職してもらうように説得する姿勢を貫けば、最終的には時間の面でも費用の面でもムダなく円満に人員を削減できます。

■ 有給休暇を消化できるようにする

社員が退職を渋るのは、たいていの場合は、その後の生活が不安定になるからです。生活資金や社会的地位の面で考えてみると、毎月一定の収入が入ってくる会社員としての地位を失うことへの不安はとても大きいものです。それを解消するためには、別の会社に勤めなければなりません。しかし、現実問題として、再就職活動をしたくても、フルタイムで勤務していれば、その時間を作り出すことができません。会社としては、対象者が再就職活動をする時間に有給休暇をあてることができるように、協力することが重要です。有給休暇を使うことができれば、退職を求められている社員も、積極的に再就職活動をすることができます。

ただ、退職勧奨を受けて退職する予定の社員が、すでに業務の引き継ぎなどを終えていて、再就職先も決まっている場合に、有給休暇を消化させることは、会社にとって好ましくない場合があります。というのも、有給休暇の消化期間中も、会社はその社員の社会保険料を負担しなければならないからです。また、引き継ぎも終えている社員に、その会社にいてもらう意味もありません。この場合には、その社員が有している有給休暇で消化していない分については、会社が買い取る方法をとった方がよいでしょう。

■ 退職金の上積みについて

　退職金を上積みすることも、社員を退職へと導く大きな後押しとなります。退職金の上積みを渋ったために、社員の退職が遅れたり、退職させることができなかったりしては、元も子もありません。退職金は一時的に支払うもので、継続的に支払うものではありませんから、多少高めであっても、退職してもらえる恩恵の方が大きい場合には、迷わず退職金を上積みするようにしましょう。退職金の上積みは、必ずしなければならないものではありません。法律上は、退職金の支払い自体が会社側の義務となっていませんので、金銭的に苦しい場合に、無理に退職金の上積みを行う必要はありません。あくまでも社員にスムーズに退職してもらうための交渉の切り札として活用すべきでしょう。

　退職金としていくら支払うかという金額の問題は、会社の事情で異なりますので、慎重に判断するようにしてください。金額の提示については、少しずつ金額を上げていく方法もあれば、最初から支払い可能な上限額を提示して一気に話をまとめる方法もあります。これは相手の性格や会社の体力など、様々な要因が絡んでくるので、事前に1人当たりの支払額の上限と、全体の支払額の上限を決めておき、その中で適切な金額を提示するようにすべきでしょう。

　なお、退職する社員が問題社員であれば、退職金の上積みをしなくても話に応じてくる場合があります。本人も退職せざるを得ないと納得している可能性があるからです。問題社員の場合、生じている問題の程度が悪質であるときは、懲戒解雇が検討されることもありますから、退職してもらう社員がどのような点で問題があるのかを確認し、就業規則の規定と照らし合わせた上で、退職金の上積みを行うかどうかを決めるとよいでしょう。

　株式会社○○○○（以下甲という）と○○○○（以下乙という）は、甲乙間の雇用契約に関して、以下の通り合意し、その証として本合意書を２通作成し、記名押印して各々１通を保管するものとする。

退職に関する合意書

第１条　甲と乙は、当事者間の雇用契約を令和○年○月○日限りにて、合意解約するものとする。

第２条　甲は、乙に対し、退職金として金○○○○円、特別退職金として金○○○○円を支払うものとし、これを令和○年○月○日限り、乙の指定する下記の預金口座に振込送金する方法で支払う。

記

　　　　　　　　　　○○銀行、○○支店
　　　　　　　　　　預金の種類　普通
　　　　　　　　　　口座番号　　123456
　　　　　　　　　　名義人　　　○○○○

第３条　甲は、本件の合意解約に関し、雇用保険の離職証明書の離職事由については、会社都合の扱いで処理するものとする。

第４条　甲は、１条の合意解約日現在、乙が有する年次有給休暇が残存する場合において、給与として乙に１か月に支払われる給与を１か月の平均労働日数にて割って求めた額を第２条の預金口座に振込送金する方法にて支払うものとする。

第５条　乙は、甲の許可なく本件ならびに本合意書の成立および内容を、第三者に開示しないものとし、甲は、今後乙に不利益となる情報を開示せず、第三者から乙の退職原因を問われた場合には、円満に退職したことのみを告げるものとする。

第６条　乙は、甲の営業秘密および甲の保有する個人情報にかかる資料を、正本、複写の別を問わず、すべて甲に返却し、第１条の合意解約日現在、一切所持しないことを誓約するものとする。

２　乙は、在職中に知り得た甲の会社の営業秘密および甲の保有する個人情報について、甲が特に許可した場合を除き、在職中より退職以後において、他に漏洩し、自ら利用しないものとする。

第７条　甲と乙は、本合意書に定める以外の債権および債務について、互いに有していないことを確認するものとする。

令和○年○月○日

　　　甲　住所　東京都○○区○○×－×－×
　　　　　　　　　　　　　　株式会社○○○○
　　　　　　　　　　　　　　代表取締役　○○○○
　　　乙　住所　東京都○○市○○町×－×－×
　　　　　　　　　　　　　　○○○マンション３０３号室
　　　　　　　　　　　　　　○○○○

第2章

解雇の法律知識

1 従業員を解雇するのは難しい

客観的な合理性や社会通念上の相当性がない解雇は無効である

■ 解雇には３種類ある

　解雇とは、会社側の都合で、従業員（労働者）との雇用契約（労働契約）を一方的に解除することです。解雇は、その原因により、普通解雇、整理解雇、懲戒解雇に分けられます。整理解雇とは、経営不振などの経営上の理由による人員整理のことで、リストラともいいます。懲戒解雇とは、従業員が会社の製品や備品を盗んだといった場合のように、会社の秩序に違反した者に対する懲戒処分としての解雇です。それ以外の解雇を普通解雇といいます。

　従業員は解雇によって仕事を失うため、法律によって解雇を制限しています。いくら不況だからといっても、それだけの理由では解雇することができないのです。たとえば、客観的で合理的な理由がなく、社会通念上の相当性がない解雇は、解雇権の濫用にあたり無効となります（労働契約法16条）。

■ 上司が勝手な判断で解雇をしてはいけない

　従業員は会社との間で雇用契約を締結しています。雇用契約は、会社の経営状況や業務上の都合、従業員の勤務態度や仕事上の実績など、様々な事情で解除される可能性がありますが、契約を解除できるのはあくまで従業員と会社です。上司の勝手な判断でクビを宣言することは、問題があるといえるでしょう。

　労働者を解雇するには、客観的に合理的な理由があり、社会通念上の相当性があると認められることが必要です（解雇権の濫用）。そのため、従業員の勤務態度を理由に解雇する場合であっても、単に「よ

く遅刻をする」「営業成績が悪い」という事実を示すだけでなく、「何度も遅刻を注意し、本人にも反省文を書かせるなど、改善に向けて努力したが、1年を経過しても改善されなかった」など会社側が労働者本人に問題があることを伝え、改善に向けた努力をしていた事実を示すことが必要です。

■ 労働組合を甘く見ると手痛いツケを払わされる

　解雇する際に注意しなければならないのが、労働組合との関係です。従業員一人ひとりは法的な知識が乏しく、生活がかかっているという立場上、日常の処遇などについて会社側に対して強く出ることができないことが多いでしょう。しかし、解雇の問題になると、生活がかかっているわけですから、従業員も会社の言いなりにはなりません。解雇に納得がいかなければ、様々な形で自分の権利を守る努力をするでしょう。

　特に労働組合に加入して団体交渉を求めてきた場合は、会社側も相当の覚悟が必要です。労働組合は労働者の権利保護を目的として結成された団体で、労働基準法などの労働法規に関する知識や、労働条件の交渉を熟知しているのが通常です。何よりも複数の人で団体交渉にあたっていますから、場合によっては、長期にわたる団体交渉が続く

■ 解雇の種類 ‥‥‥‥‥‥‥‥‥‥‥‥‥‥‥‥‥‥‥‥‥‥‥‥‥‥‥‥‥‥‥‥‥‥‥‥

種　類	意　味
整理解雇	リストラのこと。経営上の理由により人員削減が必要な場合に行われる解雇
懲戒解雇	労働者に非違行為があるために懲戒処分として行われる解雇
諭旨解雇	懲戒解雇の一種だが、労働者の反省を考慮し、退職金などで不利にならないよう依頼退職の形式をとる解雇
普通解雇	懲戒解雇のように労働者に非違行為があるわけではないが、就業規則に定めのある解雇事由（心身の故障、勤務成績不良など）に該当する事由があるために行われる解雇

だけでなく、訴訟に持ち込まれると、会社側は和解金の支払いなど、大きな負担を飲まざるを得ない状況になることもあります。できることならば、そこまで問題がこじれる前に、円満な解決ができるような対処をしたいところです。

　注意しなければならないのが、解雇する従業員への対応です。その従業員がサービス残業をさせられていた場合や、セクハラ、パワハラなどの嫌がらせ行為を受けていた場合は、解雇の不当性と共に訴訟を起こす理由を作ることになります。未払い残業代など、訴訟を起こされるような要素をなくしておくことが重要です。

■ 円満解決の道はないのか

　どんな理由であれ、従業員を解雇するとなれば、感情的な行き違いが生じてしまうものです。しかし、解雇が妥当なものだと理解してもらう他、会社側が誠意を尽くしたことも理解してもらえれば、円満に解決することができるはずです。

　円満解決に向けて重要なのは話し合いです。整理解雇をせざるを得ない状況であっても、いきなり解雇を告げるのではなく、賃下げやワークシェア、配置転換など様々な方法を検討したものの、会社の現状を鑑みると解雇しか選択肢がない、といった経過を明確にしましょう。さらに、解雇の日までの有給休暇の消化を認める、退職金を一部上乗せする、といった措置が必要になることもあります。

　なお、自己都合退社の場合は、失業等給付（基本手当）を退職後1〜3か月間は受給できないしくみになっているため、離職票に記載する離職理由を「解雇」とし、すぐに失業等給付を受給できるようにすることも検討する必要があります。ただ、従業員に退職してもらうときは、従業員自身から「辞表」（退職届）を提出してもらうのが一番でしょう。従業員に辞職の覚悟をしてもらうことができますし、後に不当解雇だと言われても対応しやすくなります。

2 上手に解雇しないとトラブルになることもある

解雇禁止期間や解雇禁止事由があるので注意する

■ 解雇は法律上の制限を受ける

就業規則や雇用契約書に解雇に関する規定があるとしても、労働基準法、労働契約法、労働組合法、男女雇用機会均等法、育児・介護休業法などの雇用に関係する法律が、特定の期間中に解雇することを禁止している場合があります。

たとえば、業務上のケガや病気（業務災害）のために休業している期間中と復職後30日以内の解雇や、産前産後休業の期間中と復職後30日以内の解雇が、原則として禁止されています（労働基準法19条1項）。いずれの状況でも解雇されると社員の生活に不利益が大きいためです。したがって、法律の規定による解雇禁止期間であるかどうかという点についても、解雇前に確認する必要があります。

さらに、主として以下に挙げる事項を理由として従業員を解雇することは、労働基準法や男女雇用機会均等法などの法律によって禁止されています（解雇禁止事由）。

・国籍、信条、社会的身分（労働基準法3条）
・労働基準法違反について、労働基準監督署に申告したこと（労働基準法104条2項）
・労使協定の過半数代表者となったことや、なろうとしたこと（労働基準法施行規則6条の2）
・性別（男女雇用機会均等法6条）
・結婚（婚姻）、妊娠、出産（男女雇用機会均等法9条）
・産前産後の休業を申し出たことや、それを取得したこと（男女雇用機会均等法9条）

・母性健康管理措置（妊娠中や産後の女性従業員に対して保健指導や健康診査のために必要な時間を取得できるような措置をとることで、会社側に課された義務である）を受けたこと（男女雇用機会均等法9条）

・育児・介護休業を申し出たことや、それを取得したこと（育児・介護休業法10条、16条）

・公益通報（公益のために会社側の法令違反行為を通報すること）をしたこと（公益通報者保護法5条）

・労働組合を結成したことや、それに加入したこと（労働組合法7条）

・労働組合の正当な活動をしたこと（労働組合法7条）

■解雇に関する規定がないと解雇できない

　前述した理由に該当しなくても、解雇に関する規定が就業規則や雇用契約書にない場合、会社側は、解雇に関する規定を新たに置かない限り解雇できません。さらに、解雇事由が合理的と認められても、解雇の際には少なくとも30日前に予告するか、もしくは30日分以上の平均賃金（60ページ）を解雇予告手当金として支払わなければなりません（労働基準法20条）。なお、解雇禁止期間中に、解雇禁止期間に該当しない日を解雇日として予告することは可能です。

　このように、解雇を行う場合には、様々な法律上の制限をクリアすることが必要です。「労働者をクビにする」ことは、決して安易に行うことができるものではないということを十分に理解しておくべきでしょう。

■解雇できないケースにあたらないか確認しておく

　社員（従業員）を解雇する場合、いくつか注意すべき点があります。まず、就業規則や雇用契約書などに解雇に関する規定がない場合は、

そもそも解雇することができません。今まで幸いにも解雇しなければならない状況に直面したことがなかった会社で、はじめて解雇を考えたところ、そもそも規定がなかったというケースも現実にはあります。今まで社員を解雇したことがない場合は、就業規則や雇用契約書の規定を読み返してください。そこに解雇に関する規定がなかったときは、まず解雇に関する規定を設けることから始めなければなりません。規定を設けた後に、社員が解雇事由に該当する場合でなければ、その社員を解雇するためのスタート地点に立つことができません。

　また、解雇する場合でも社員間で不平等な扱いをすることはできません。たとえば、Aさん、Bさんが同じ解雇事由に該当した場合、解雇事由の時期が異なったとしても同じ取扱いをする必要があります。

■ 解雇することで経営者に生じる不都合を知っておく

　解雇は、会社側が一方的に社員を辞めさせるものであるため、その方法が悪い場合には、その社員が自尊心を傷つけられたと感じて逆恨みをすることがあります。また、辞めさせる現場を目の当たりにした

■ 解雇前のチェックポイント

事前に準備して おくべきこと	解雇を決断した時に すべきこと	法律上の観点から 確認すべきこと
就業規則（雇用契約書）に解雇に関する詳しい規定を定めておく 解雇の理由を裏付ける証拠書類を保存しておく	本人に「辞める」と言わせる方法を優先する（退職勧奨の実施） 解雇の理由に合理性と社会通念上の相当性があるかどうか慎重に確認する	解雇する理由が解雇禁止事由にあたらないか？ 解雇をするタイミングが解雇禁止期間ではないか？ 解雇までの期間が適法か？ 解雇予告手当の支払が必要ではないか？

他の社員の士気が落ちる可能性もあります。これは他の社員が「自分も辞めさせられた社員と同じ立場である」と考えるためです。たとえば、暴言を吐く問題社員から他の社員を守るために、その問題社員を解雇した場合など、他の社員に悪影響が及ばないようにすることが解雇の目的であったとしても、他の社員にしてみれば、いつ矛先が自分に向くかわからない、という不安を抱えることになるのです。

　このように、解雇するのが問題社員であったとしても、実際に解雇という手段をとった場合には、解雇の有効性について紛争が生じるなど、大なり小なり経営者に不都合な結果が生じる可能性が高いといえます。このような不都合をできる限り回避するためには、解雇事由にあたる社員であっても、退職勧奨を重ねることで、自主的に会社を退職してもらうようにもっていくことが望まれます。また、懲戒解雇事由にあたると判断できるような社員の場合も、直ちに懲戒解雇とはせずに、普通解雇もしくは諭旨解雇とするか、退職勧奨を重ねて本人の意思で退職させるようにすることで、会社側が抱える紛争リスクを抑えることができます。

■ 解雇するまでには時間がかかる

　社員の解雇を決めてから実際に社員を解雇するに至るまでには、相当な時間がかかるという認識を強く持っておく必要があるでしょう。就業規則や雇用契約書に解雇に関する規定があったとしても、その規定に該当するからといって、すぐに社員を解雇することはできません。解雇事由に該当する場合についても、丁寧に指導するなど手続的な配慮を積み重ねる必要があります。就業規則では、解雇事由について個別具体的に定めることは難しい側面もあります。そのため、指導するという手続き的な配慮を積み重ねるための時間がかかるというわけです。

　社員の解雇を考えてから実際に社員に辞めてもらうまでには、少なくとも半年、長ければ1年以上かかると思っておいてください。

3 解雇予告手当と平均賃金の ルールを知っておこう

解雇予告や解雇予告手当の支払は原則として必要である

■ 解雇予告とは

　社員（従業員）が自分の都合で退職することは原則として自由であるのとは異なり、会社の都合で社員を解雇することは制限されています。社員を解雇する場合、事前に解雇理由を明確にして、それが就業規則や雇用契約書に規定している解雇理由に該当するかどうかを確認します。さらに、法律が規定する解雇禁止期間や解雇禁止理由に該当しないかを確認します。そして、解雇権の濫用に該当しないこと（有期雇用契約の場合はやむを得ない事由に該当すること）を確認します。

　これらの確認を経て、はじめてその社員を解雇することができます。しかし、社員の解雇を決めたとしても、原則として解雇を通知した当日に辞めさせること（即日解雇）はできません。少なくとも30日前までに解雇を予告しなければならない（解雇予告）という原則があるからです。即日解雇をするときは、原則として解雇予告手当の支払いが必要です（61ページ）。なお、解雇の通知は口頭で行うこともできますが、後のトラブルを避けるためには、書面で行うのがよいでしょう。

■ 解雇予告などが不要な場合もある

　会社は、次に挙げる社員については、解雇予告や解雇予告手当の支払いをすることなく解雇ができるという例外があります。

① 　雇い入れてから14日以内の試用期間中の社員
② 　日々雇い入れる社員
③ 　雇用期間を２か月以内に限る契約で雇用している社員
④ 　季節的業務を行うために雇用期間を４か月以内に限る契約で雇用

している社員

　ただし、試用期間中の社員は、15日以上雇用していると解雇予告や解雇予告手当の支払いが必要になるなど、例外が適用されなくなる場合があるので注意しましょう（次ページ）。

■ 除外認定を受ければ解雇予告などが不要となる

　以下のケースにおいて社員を解雇する場合は、解雇予告や解雇予告手当の支払いは不要とされています。

① 天災事変その他やむを得ない事由があって事業の継続ができなくなった場合

② 社員に責任があって雇用契約を継続できない場合

　①に該当するのは、地震などの自然災害によって、事業を継続することができなくなったような場合などです。一方、②に該当するのは、懲戒解雇事由にあたるような問題社員を解雇する場合などです。ただし、①②に該当しても、所轄の労働基準監督署長の認定を受けていなければ、通常の場合と同じように解雇予告あるいは解雇予告手当の支払いが必要になります。この場合の認定を解雇予告の除外認定といいます。

　社員を解雇する際に、①②に該当する場合には、解雇予告除外認定申請書（64ページ）を所轄の労働基準監督署に提出した上で、解雇予告の除外認定を受ける必要があります。①②に該当しても、除外認定も受けずに解雇予告手当を支払うことなく社員を即日解雇するのは労働基準法違反となるので、処罰の対象となります。

　なお、除外認定を受けたからと言って、退職金を支払わなくてもよいということにはなりません。たとえば、懲戒解雇事由にあたる社員を懲戒解雇した場合、退職金を支給するかどうか、支給するとしても減額するかどうかの問題は、除外認定とは別の話になるということです。退職金に関しては、就業規則や雇用契約書の規定に従って処理す

ることになります。就業規則などの規定に従って退職金を不支給または減額とした場合であっても、後から覆される可能性があります。解雇された社員から訴訟を起こされたときに、裁判所が会社側の対応をあまりにバランスを欠くものと判断した場合には、支給しなかった分について支給するように命じることがあるからです。

■ 懲戒解雇の場合には解雇予告が不要なのか

　前述した①②に該当する場合で、解雇予告の除外認定を受ければ、解雇予告や解雇予告手当の支払いが不要です。したがって、解雇する社員に懲戒解雇事由がある場合には、労働基準監督署長の認定を受ければ、解雇予告などが不要です。②の「社員に責任があって」とは、法律上は「労働者の責に帰すべき事由に基づいて」と規定されているものですが、解雇予告期間を置かずに即日解雇されたとしてもやむを得ないと判断されるほどに、重大な服務規律違反あるいは背信行為が存在する場合であると解されています。たとえば、会社内で窃盗、横

■ 解雇予告が必要になるとき ………………………………………

必要になるとき		
①	日々雇い入れられる者	1か月を超えて引き続き使用されるに至ったとき
②	2か月以内の期間を定めて使用される者	所定の期間を超えて引き続き使用されるに至ったとき
③	季節的事業に4か月以内の期間を定めて使用される者	所定の期間を超えて引き続き使用されるに至ったとき
④	試用期間中の者	14日を超えて引き続き使用されるに至ったとき
⑤	労働者の責めに帰すべき事由に基づいて解雇するとき	労働基準監督署長による認定が受けられないとき
⑥	天災事変その他のやむを得ない事由のために事業の継続が不可能となったとき	労働基準監督署長による認定が受けられないとき

領、背任、傷害といった犯罪行為をした場合や、正当な理由もないのに長期にわたり無断欠勤を継続しており、出勤の督促にも応じない場合などが、重大な服務規律違反・背信行為に該当します。

　ここで注意しなければならないのは、懲戒解雇事由に該当するだけでは、解雇予告や解雇予告手当の支払いが不要になるわけではないという点です。解雇予告や解雇予告手当の支払いをせずに問題社員を懲戒解雇処分とするには、前述の除外認定を受ける必要があります。この認定を受ける手続きは、通常申請してから2週間から1か月程度の期間がかかります。その間に、解雇しようとする社員に懲戒解雇事由があるかどうかの事実認定が行われます。解雇しようとする社員や関係者を対象とする聴き取り調査が実施される場合もありますから、除外認定を申請する前に、十分な証拠をそろえておくようにしましょう。

■ 平均賃金とは

　賃金とは、社員が働いたことへの対価として会社が支払うものです。一方、何らかの事情で社員が働けなかった、あるいは働かなかった期間中であっても、会社が社員に対して金銭を支払わなければならない場合があります。たとえば、社員が有給休暇を取得した場合や、業務上のケガや病気（業務災害）によって休業した場合などです。この場合、期間中に支払う金額は会社側が一方的に決められるわけではありません。労働基準法の規定に基づいて支払うべき1日当たりの金額を算出し、これに期間中の日数を乗じて求めることになっています。その基準となる1日当たりの金額を、労働基準法上では平均賃金と呼んでいます。

　労働基準法12条によると、平均賃金の算出方法は、原則として「算定事由の発生した日以前3か月間（賃金締切日がある場合は直前の賃金締切日以前3か月間）に支払われた賃金の総額÷その3か月間の総日数（暦日数)」となります。直近の賃金額から平均賃金を算定する

ことで、社員の収入の変動幅を少なくするためです。ただし、「算定
事由の発生した日以前３か月間（賃金締切日がある場合は直前の賃金
締切日以前３か月間）に支払われた賃金総額÷その３か月間の労働日
数×0.6」で算出した額の方が高い場合には、その額が平均賃金とな
ります（最低保障額）。特に時給制や日給制で働いていて労働日数が
少ない者を保護するためです。

■ 解雇予告手当を支払って即日解雇する方法もある

　社員を解雇する場合、会社側は、原則として解雇日から30日以上前
に、その社員に解雇することを予告しなければなりません。しかし、
解雇する社員が周囲に悪影響を与えている問題社員である場合には、
その社員にすぐに辞めてもらいたいと考えるのが普通でしょう。

■ 解雇予告手当の具体的な計算例 ……………………………………

（事例）解雇予告手当の求め方

〈 月給制、賃金締切日が20日の会社 〉

	5月20日		6月20日		7月20日		8月20日		9月4日
総日数（日）		31		30		31			解雇予告
賃金額（円）		160,000		160,000		160,000			

　（160,000 × 3）÷ 92 ≒ 5,217円（1円未満は切り捨て）

　　➡ 平均賃金は5,217円となる

〈 日給制・時給制、賃金締切日が20日の会社 〉

	5月20日		6月20日		7月20日		8月20日		9月4日
総日数（日）		31		30		31			解雇予告
労働した日（日）		10		13		17			
賃金額（円）		80,000		100,000		120,000			

　（80,000 ＋ 100,000 ＋ 120,000）÷ 92 ＝ 3,260円（1円未満は切り捨て）
　（80,000 ＋ 100,000 ＋ 120,000）÷ 40 × 0.6 ＝ 4,500円
　3,260円 ＜ 4,500円

　　➡ 平均賃金は4,500円となる（最低保障額）

このような社員を30日先まで解雇できないとすると不都合な場合も出てきます。こうした場合に備えて、その社員を速やかに解雇する方法も用意されています。それは、即日解雇する代わりに30日分以上の平均賃金を解雇予告手当として支払うという方法です（労働基準法20条）。この方法をとれば、会社は解雇予告を行わずに問題社員を即日解雇することができるのです。

　解雇予告をする場合も、解雇予告手当を支払う場合にも、解雇する旨を伝えた日から30日分以上の賃金あるいは平均賃金の30日分以上を支払わなければなりません。しかし、細かい部分では両者に違いがあります。たとえば、解雇予告手当を支払って即日解雇する場合、その手当金には社会保険料がかかりません。解雇予告手当は賃金ではなく退職所得として計上されるためです。

　このように、解雇予告手当を支払う場合には、通常の解雇予告とは経理上の処理が異なりますから、これを実行する場合は注意してください。なお、解雇予告手当は、即日解雇する場合だけではなく、たとえば、解雇日から20日前に予告し、業務の引き継ぎをさせた後、10日分以上の解雇予告手当を支払って解雇する、といった形で行うこともできます。いずれの場合も、解雇予告手当を支払った場合には、必ず受け取った社員に受領証を提出させるようにしましょう。

■ 解雇予告日と解雇予告手当 ···

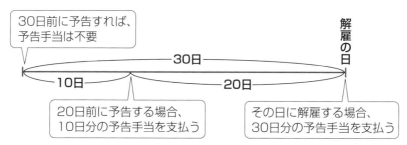

■ 平均賃金の具体的な計算例 ………………………………………

$$\frac{算定事由の発生した日以前３か月間にその労働者に支払われた賃金総額}{上記の３か月間の総日数}$$

【「以前３か月間」の意味】

算定事由の発生した日（＊）は含まず賃金締切日がある場合は、直前の
賃金締切日から起算

（＊）「算定事由の発生した日」とは、
　　　解雇予告手当の場合「解雇通告した日」
　　　休業手当の場合「その休業日の初日」
　　　年次有給休暇中の賃金の場合「有給休暇の初日」
　　　災害補償の場合「事故発生の日又は疾病の発生が確定した日」
　　　減給の制裁の場合「制裁意思が労働者に到達した日」

【計算基礎から除外する期間・賃金】

・業務上のケガや病気（業務災害）による休業期間

・産前産後の休業期間

・使用者の責に帰すべき事由による休業期間

・育児・介護休業法による育児・介護休業期間

・試用期間

【賃金総額から除外される賃金】

・臨時に支払われた賃金（結婚祝金、私傷病手当など）

・３か月を超える期間ごとに支払われた賃金（賞与など）

・法令・労働協約に基づかない現物給与

【平均賃金の最低保障額】

日給制、時間給制などの場合、勤務日が少ないと上記の計算式では異常に低
くなってしまう場合があるため、最低保障額が定められている。上記計算式
の算出額と、次の計算式の算出額を比較し、多い方を平均賃金とする。

・賃金が日給、時間給、出来高給その他の請負制であった場合

$$\frac{３か月間の賃金総額}{その期間中に労働した日数} \times \frac{60}{100} \cdots Ⓐ$$

・雇入れ後３か月に満たない者の場合

　雇入れ後に支払われた賃金総額÷雇入れ後の期間の総日数

書式　解雇予告除外認定申請書

様式第3号（第7条関係）

解雇予告除外認定申請書

事業の種類	事業の名称	事業の所在地
物品販売業	株式会社○○○○	東京都○○区○○×－×－×

労働者の氏名	性別	雇入年月日	業務の種類	労働者の責に帰すべき事由
××××　・・	男	平成○・○・○	営業	左欄記載の労働者が、令和○年○月○日に営業先の○○株式会社より、商品の売掛金を現金で回収したが、経理に報告せず、私的な費用に充てていたため。

令和○年　○月　○日

使用者

　職　名　株式会社○○○○

　氏　名　代表取締役
　　　　　△△△△　　　（会社代表印）

○○労働基準監督署長殿

Q もうすぐ3か月の試用期間が満了する正社員について、思ったよりスキルが低いので本採用しない予定ですが、解雇予告などは必要ですか。

A 試用期間は、正社員にとっては、それが終わると採用してもらえるという期待が膨らむと同時に、不安定な地位にある期間です。その間は就職活動も中断するので、本採用にならない場合のマイナスは大きなものがあります。

試用期間は、特に無期雇用契約である正社員について、その能力や適性を見極めて、正社員としてふさわしいか、業務を継続していけるかを判断するための期間です。そして、解雇予告または解雇予告手当の支払いをせずに本採用を拒絶できるのは、就業規則や社内規程に試用期間を定めていることを前提として、正社員としての採用後14日以内に制限されています。したがって、採用後14日を経過してから本採用しないことを決定した場合は、その決定が試用期間内に行われても、解雇予告または解雇予告手当の支払いが必要です。したがって、解雇予告や解雇予告手当の支払いをせずに正社員の本採用を拒絶したいのであれば、会社側は採用後14日以内に解雇しなければなりません。ここでの「14日」は、出勤日ではなく暦日でカウントするため、土日や祝日も含める点に注意を要します。

なお、試用期間中であっても、客観的に合理的な理由がなく、社会通念上相当性のない解雇は、解雇権の濫用として無効となります。しかし、本採用後の解雇と比べて、解雇が有効と認められる余地は広いと考えられています。本ケースのように、3か月の試用期間の満了時点で正社員を本採用しないとする場合は、解雇権の濫用とならないような解雇の理由（本採用の拒絶理由）に加えて、解雇予告の手続きなどが必要です。不用意な本採用の拒絶は、労働紛争へと発展する可能性があります。

Q 採用後1か月ですが、再三注意しても素行不良の問題が改善しない契約期間2か月のパート社員を解雇する予定です。解雇予告手当の支払いなどが必要でしょうか。

A 会社が従業員を解雇するときは、解雇日の30日以上前までに、その旨を伝えておく必要があります（解雇予告）。ただし、会社が30日分以上の平均賃金（解雇予告手当）を従業員に支払えば、解雇予告をしなくても即日解雇ができます。会社としては、解雇する従業員に「30日分の平均賃金を支払うから明日から来なくてよい」と伝えるか、「本日から30日経過したら来なくてよい」と伝えるか、どちらかの方法を選択できます。

　もっとも、従業員との間で有期雇用契約を結んでおり、契約期間が2か月以下の場合には、採用後その契約期間を経過していない限り、従業員を解雇する際に、解雇予告や解雇予告手当の支払いが不要という例外があります（労働基準法21条）。

　本ケースの場合は、パート社員の契約期間が2か月で、しかも採用後1か月にとどまるため、会社側は、解雇予告や解雇予告手当の支払いをしなくても、そのパート社員を解雇することができます。しかし、本ケースのパート社員のような有期雇用契約を結んでいる従業員の解雇については、「やむを得ない事由がある場合でなければ、その契約期間が満了するまでの間において、労働者を解雇することができない」という解雇理由の制限が課せられています（労働契約法17条1項）。これは解雇権の濫用（労働契約法16条）が適用される場面よりも、従業員を解雇ができる場面が限定されるものと考えられています。

　したがって、会社としては、契約期間である2か月の経過を待って、契約期間を更新しない（雇止め）ことにして、素行不良のパート社員を退職させるのがよいでしょう。こうすることで、労働紛争へと発展する可能性が格段に低くなると考えられます。

4 整理解雇について知っておこう

整理解雇は希望退職と退職勧奨を行った後に行う

■ 事業の継続が困難な場合には整理解雇を検討する

　解雇には、主として普通解雇、懲戒解雇、整理解雇の３種類があり
ますが、このうち経営不振による合理化など、経営上の理由に伴う余
剰労働者の人員整理のことを整理解雇といいます。経営者としては、
現状のままでは事業を継続することが困難な場合に整理解雇を検討す
ることになります。

　雇用調整の手段として整理解雇を行う会社も多いようですが、整理
解雇を行うためには一定の要件を満たす必要があり、「現在の経営状
況は悪くはないが将来予想される経営の不安に備えて今から人員削減
をしておきたい」といった理由では、整理解雇は認められません。具
体的には、以下の①～④の要件（整理解雇の４要件）を満たして、は
じめて整理解雇は有効なものとして認められます。

① 人員削減の必要性

　会社の存続のために、やむを得ず人員削減せざるを得ないという事
情が必要です。具体的には、会社の実態から判断して、会社の存続の
ために人員整理を決定するに至った事情について、やむを得ない事情
があると認められれば、整理解雇の必要性を認めるのが裁判例の傾向
です。

② 解雇回避努力義務

　解雇された労働者は大きな打撃を受けますから、整理解雇を避ける
ための経営努力なしに解雇はできません。

③ 被解雇者の人選の合理性

　整理解雇の対象者（被解雇者）を選ぶ際には、客観的で合理的な基

準を設定し、これを公正に適用する必要があります。たとえば、女性のみ、高齢者のみ、特定の思想をもつ者のみを対象とするのは不合理ですが、欠勤日数、遅刻回数、勤続年数などの勤怠状況や会社貢献度を基準とするのは、客観的で合理的といえるでしょう。

④　解雇の手続きの妥当性

　整理解雇にあたって、労働組合や労働者への説明・協議、納得を得るための手順を踏んでいない整理解雇は無効となります。

■ 退職勧奨がだめなら整理解雇になる

　よほど小さい企業や特別な配慮を必要とする相手に対して行うのでない限り、いきなり経営者が退職勧奨を行うケースはまずないでしょう。通常は対象者の上司が退職勧奨を行うことになります。注意しなければならないのは、退職勧奨を行う人は会社に残る立場にあり、対象者は会社を出て行かざるを得ない立場にあるという点です。会社が経営難に陥らなければ、本来であれば、会社の利益のために協力し合う関係にあったはずなのです。

　退職勧奨を行うのが経営者自身である場合には、自分が経営する会社のために、ある程度割り切って冷静な判断をすることができるでしょう。

■ 整理解雇の４要件

```
                    ┌─ ① 人員削減の必要性
                    │
                    ├─ ② 整理解雇を回避する努力を尽くしたか
   整理解雇の４要件 ─┤     どうか（解雇回避努力義務）
                    │
                    ├─ ③ 被解雇者の人選の合理性
                    │
                    └─ ④ 解雇の手続きの妥当性
```

しかし、会社勤めをしている人が、自分と同じような立場である他の社員に対して退職勧奨を行うのは、心情的につらいものです。意識していなくても、本人に押しかかる精神的な負担は大きいと考えられます。退職勧奨を受ける人が受ける精神的な負担は、さらに大きいといえます。退職勧奨を行う目的は、人件費の削減であって、社員間の人間関係を悪化させることが目的ではありません。1人当たり3回ほどの面談を終えても予定していた人数に達しなかった場合には、退職勧奨に固執せずに整理解雇の手続きに移行した方がよいでしょう。

■ 整理解雇を知らせるタイミングを見極める

　すでに退職勧奨と希望退職を行っている場合には、それが一段落してから整理解雇を実施します。一方、工場の閉鎖など会社の一部門を丸ごと閉鎖する場合には、他の部署に異動させたり関連会社や他社に出向や転籍をさせたりしない限り、その部門に所属している社員を対象に整理解雇をせざるを得ない状況となります。

　この場合は、部門を閉鎖する日が決定した段階で、なるべく早めに整理解雇を実施した方が対象となる社員のためです。早い段階で整理

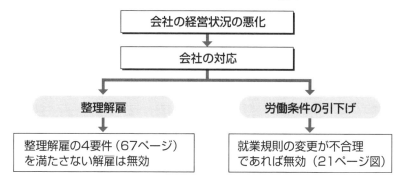

■ 整理解雇や労働条件の引下げが無効となる場合 ……………………

会社の経営状況の悪化

↓

会社の対応

整理解雇 / 労働条件の引下げ

整理解雇の4要件（67ページ）を満たさない解雇は無効

就業規則の変更が不合理であれば無効（21ページ図）

解雇を行うことを伝えれば、対象者も早めに再就職に向けて活動ができるからです。ただ、あまりに早いタイミングで知らせてしまうと、解雇予定日までの間にモチベーションの低下によって生産性の低下を招くおそれもあります。製造業などの場合には、重大な事故となりかねないので、あまりに早く伝えるのもリスクを抱える期間が長くなりすぎて危険です。結局は、社員の再就職準備期間として必要な3か月ほどの猶予を見て、知らせるのが妥当といえます。

　また、退職勧奨、希望退職、整理解雇の実施によって1か月以内に30人以上の退職者が出る見通しが立っている場合、実際に社員が退職し始める1か月前までに「再就職援助計画」を作成してハローワークに提出する必要があります。なお、再就職援助計画の認定後、退職予定者に対して、再就職を実現するための支援を民間の職業紹介事業者に委託して行うなど、一定の方法で再就職を支援した場合は「労働移動支援助成金（再就職支援コース）」の申請ができるので、活用を検討するとよいでしょう。

■ 後のトラブルに備えて証拠をそろえておく

　整理解雇を実施する場合には、まずは会社の厳しい状況を社員に説明し、整理解雇をせざるを得ない状況であることを理解してもらうようにしなければなりません。このためには、社員が十分に状況を理解できるように何度も説明会を開く必要があります。

　説明会はただ漫然と開くのではなく、参加者のリストを作成した上で、参加者全員にサインしてもらうようにします。説明会で話した内容の詳細、社員からの質問とそれに対する回答を漏らさず記載した議事録も作成するようにします。このように説明した内容や対象者を書面で残しておくと、後に社員との間で訴訟などのトラブルに発展したとしても、会社側が整理解雇を行う上で、社員に対して十分な説明を行ったことを証明しやすくなります。

第3章

雇止め・継続雇用・
派遣契約の解除

非正規社員に対する解雇・雇止め・雇用保険・社会保険の取扱い

雇止めや雇用保険・社会保険の加入に絡むトラブルが多い

■ 解雇と雇止めでは扱いが違う

　解雇については、主として労働基準法や労働契約法に規定が設けられていますが、これらの法律でいう「労働者」には、パート従業員などの正社員以外の雇用形態も含まれます。パート従業員については「3か月」「6か月」といった雇用期間（契約期間）を決めて契約を結んでいることが多いでしょう。このような契約を有期雇用契約といいます。有期雇用契約を結んでいる従業員を解雇するときは「やむを得ない事由」が必要です。これは解雇権の濫用よりもハードルが高い要件です（66ページ）。しかし、有期雇用契約に関しては、解雇が問題となることは比較的少なく、雇用期間の満了時に会社が契約更新を行わず、退職として取り扱う「雇止め」がトラブルになることが多いといえます。雇止めは雇用期間の満了時に行われる点で、雇用期間中に行われる解雇とは異なります。しかし、一方的に会社を辞めさせられる点で、解雇と雇止めは共通しているため、パート従業員にとって雇止めは解雇に等しいものと考えられるでしょう。

　特に問題となるのは、会社が何回も契約更新を行い、パート従業員を継続して雇用していた場合です。雇用期間が満了して契約更新をするたびに、新しい雇用契約書を取り交わし、「原則として契約の更新はしない」との意思疎通ができていれば、トラブルとなることは少ないでしょう。しかし、最初の数回は契約更新時に新しい雇用契約書を作成していたが、その後は雇用契約書を作成せず、なし崩し的に契約更新をしていたケースでは、トラブルとなる可能性が高いといえます。会社側が雇止めなので問題ないと主張しても、パート従業員の雇用継

続への期待を無視できず、雇止めが無効と判断される場合があるからです（雇止め法理、79ページ）。なお、失業した際に受給できる雇用保険の失業等給付の額は、解雇と雇止めでは異なります。解雇の場合は、原則として特定受給資格者となるのに対し、雇止めの場合は、3年以上雇用関係が継続していた者であるなど、一定の要件を満たさないと特定受給資格者とならないからです。

このように、解雇と雇止めでは違いが出てくるため、雇止めをする段階になってトラブルになることも少なくありません。トラブルを避けるには、①有期雇用契約の締結時に双方が納得できる内容にする、②有期雇用契約の更新時に必ず新しい雇用契約書を交わす、③次回更新しない予定があれば雇用契約書に「更新しない」と明確に意思表示する、などの対応が必要です。

◼ 雇用保険の取扱いには注意する

雇用保険とは、労働者が失業したときの保障を目的としている制度です。パート従業員などの短時間労働者の場合は、次の2つの要件を満たす場合に限り、雇用保険への対象者となります。

・31日以上引き続き雇用されることが見込まれる
・1週間の所定労働時間が20時間以上である

◼ 短時間労働者と労働保険・社会保険の適用 ·······················

保険の種類		保険への加入要件
労働保険	労災保険	なし（無条件で加入できる）
	雇用保険	31日以上引き続いて雇用される見込みがあり、かつ、1週間の所定労働時間が20時間以上であること
社会保険	健康保険	原則として、1週間の所定労働時間および1か月の所定労働日数が、同じ事業所で同様の業務をする正社員の4分の3以上であること（従業員数が常時501人以上の企業などでは加入要件が緩和されている）
	厚生年金保険	

雇用保険の対象者について、会社側は雇用保険への加入手続きをしなければなりません。しかし、短時間労働者に関しては、「雇用保険に加入しなくてもよい」「本人の希望を重視する」といった誤った認識のもと、経営者側が雇用保険への加入手続きをしておらず、失業したときに失業等給付を受給できないことも生じています。

そこで、公共職業安定所は、必要に応じて会社の事業所に調査に入り、対象者について資格取得の時効である2年間をさかのぼって加入手続きを行い、その分の保険料を支払うよう指導することを行っています。2年分の保険料となるとかなりの出費になりますので、経営者側は「雇用保険加入は義務」と認識し、要件を満たす従業員については速やかに加入手続きを取るようにしましょう。

■ 社会保険の加入要件が緩和された

会社と有期雇用契約を結んでいる従業員であっても、1週間の所定労働時間および1か月の所定労働日数が正社員（常時雇用者）の4分の3以上である場合は、社会保険（健康保険・厚生年金保険）に加入します。所定労働時間などが4分の3未満の短時間労働者についても、以下の要件をすべて満たす従業員は、社会保険に加入することになっています。

① 1週間の所定労働時間が20時間以上である

② 学生でないこと

③ 月収が88,000円以上である（年収106万円以上）

④ 雇用期間が1年以上見込まれる

⑤ 従業員数が常時501人以上の会社である。または、社会保険の加入について労使間で合意した従業員数常時500人以下の会社である。

さらに、⑤の会社規模については、令和6年10月からは51人以上となり、段階的に引き下げられることが決定しています。

2 有期労働契約の更新にはどんな注意点があるのか

更新の有無や判断基準は労働者に示しておく

■ 期間を定めて雇用する労働者

　労働契約（雇用契約）には、有期労働契約（有期雇用契約）と無期労働契約（無期雇用契約）の2種類があります。正社員であっても、パート社員（パート従業員）であっても、会社（使用者）と労働者の間には「労働契約」が締結されていますから、そのような意味では、どのような呼び名の労働者も契約社員だといえるかもしれません。

　法律などで「契約社員」について定義がなされているわけではありません。システムエンジニアや通訳など、特別な技術を持った人との間で、ある一定の期間を定めて労働契約を結び、会社で働いてもらう場合に「契約社員」という呼称を使うことが多いようです。また、特別な技術を持たない労働者の場合でも、無期労働契約で業務を行う正社員と区別する意味合いで、有期労働契約として雇うフルタイムの非正規社員を契約社員と呼ぶことがあります。

　この他にも、情報通信技術を活用した「テレワーク」の労働者のことを指して契約社員と呼ぶこともあります。具体的には、パソコン、スマートフォン、タブレットなどの情報通信機器を使用し、主に自宅や別のオフィス（SOHO、サテライトオフィス）において仕事をするモバイルワーカー、在宅ワーカーなどのことです。

　このように、契約社員の定義は各社の事情によって様々ですが、おおまかにいうと「短期間」「短時間」「業務内容の特化」といった点で正社員との違いがあるといえます。

　パート社員などとの間で有期雇用契約を結ぶ際の注意点は、契約期間（雇用期間）は原則3年が上限、高度な専門技術を有する労働者

や満60歳以上の労働者は5年が上限という点です（労働基準法14条）。ただし、高度な専門技術を有する労働者や満60歳以上の労働者を除き、1年を超える契約期間で働く労働者は、契約期間の初日から1年を経過した日以後であれば、会社に申し出て、いつでも退職ができます（労働基準法137条）。

■ 契約の更新についての考え方を提示しておく

　パート社員との労働契約（雇用契約）は有期労働契約（有期雇用契約）とするのが一般的です。有期労働契約は、定められた期日に雇用関係が解消されることを前提としており、契約期間（雇用期間）の満了をもって会社と労働者との雇用関係は終了しますが、必要に応じて労働契約を更新することもできます。

　このような有期労働契約について、厚生労働省は「有期労働契約の締結、更新および雇止めに関する基準」を策定しています。

　この基準によると、会社が労働者と有期労働契約を結ぶ場合は、更新の有無および更新についての判断基準をあらかじめ明示しておくことが必要です。具体的には、①特別の事情がない限り自動更新する、②契約期間満了のつど更新の可否を判断する、③特別の事情がない限り契約の更新はしない、などの明示が義務付けられています。さらに、契約を1回以上更新し、かつ1年以上雇用している労働者と契約を更新する場合は、契約期間を必要以上に短くすることなく、契約の実態や労働者の希望に応じ、できるだけ長くするように努める必要があります。

　これは、無期労働契約を結んでいる正社員に比べ、有期労働契約の労働者が「雇止め」に対する不安など、保護に欠ける状態にあることから、労働環境の改善を目的として策定されたものです。会社側にはこの基準を遵守する努力が求められています。また、有期労働契約の契約更新が繰り返し行われている場合は、特に年次有給休暇の取得において正社員と同等に扱われます。たとえば、パート社員に対して

「半年更新だから」という理由で、契約期間を通算せずに年次有給休暇を与えないことは、労働基準法に違反するため注意が必要です。

■ 雇止めをする場合の予告など

　有期労働契約の更新において生じる可能性が高い問題は、会社側が「契約更新をしない」という決定をしたときで、これを雇止めといいます。契約期間が満了すれば、それで雇用関係がなくなりますが、契約更新を繰り返していると、労働者は次の契約更新を期待するものです。

　雇止めについては、契約更新の手続きが形式的に繰り返されるなどして解雇と同視できる場合や、会社側の言動などによって契約更新による雇用継続を期待させる合理的理由のある場合は、有期労働契約の労働者に更新期待権が発生すると考えられ、雇止めについて労働契約法19条が規定する雇止め法理が適用され、雇止めが無効とされることがあります（79ページ）。雇止め法理の適用を防ぐためには、前述した「有期労働契約を結ぶときに、更新の有無および更新の判断基準を明示すること」に加えて、少なくとも以下の①〜③の行為をしておく

■ パート従業員と雇止め・解雇 ……………………………………

```
┌──────────────┐      ┌──────────────┐
│ 使用者による        │ ───→ │ 契約期間の満了と共に   │
│ 有期労働契約の更新拒否 │      │ 雇用関係終了        │
└──────────────┘      └──────────────┘
         │
         ↓
   ┌────────────────────┐
   │ 繰り返しの更新あり            │
   │ ・期間の定めなしと同視できる場合   │
   │ ・契約更新への期待が合理的な場合   │
   └────────────────────┘
                    │
            雇止め   │
                    ↓
   ┌────────────────────────┐
   │ ・雇止め・解雇として手続きなど        │
   │  の規則を受ける               │
   │ ・雇止め法理・解雇権濫用法理の        │
   │  適用より雇止め・解雇が無効と        │
   │  される場合がある              │
   └────────────────────────┘
                    ↑
┌──────────────┐ 解雇  │
│ 使用者による        │ ─────┘
│ 無期労働契約の解約   │
└──────────────┘
```

努力が求められます。これらの行為も「有期労働契約の締結、更新および雇止めに関する基準」で示されています。

① 「1年を超える契約期間の労働者」「有期労働契約が3回以上更新されている労働者」「有期労働契約の更新により通算1年を超えて雇用された労働者」の雇止めをする場合は、少なくともその契約期間満了日の30日前までに、その予告をすること

② 前述した①の予告をした場合に、労働者が雇止めの理由についての証明書を請求した場合は、遅滞なく交付すること

③ 雇止めをした後に、労働者が雇止めをした理由について証明書を請求したときは、遅滞なく交付すること

契約更新をしない正当な理由としては、「契約更新の回数の上限をあらかじめ契約書に明示している」「担当業務が終了・中止した」「無断欠勤・遅刻など勤務態度が悪く、注意しても一向に改善されない」などがあります。

■ 雇止めつき契約とは

雇止めを明示した上で有期労働契約を締結することを「雇止めつき契約」と呼んでいます。また、雇止めをするという条項に着目して「不更新条項」（不更新特約）と呼ぶこともあります。

雇止めつき契約によって、契約期間中の雇用関係は保障されますが、期間満了時に雇用関係が当然に終了します。会社側から見れば、期間満了時にトラブルなく雇用関係を終了させることができるといったメリットがあります。労働者から見れば、あらかじめ会社側に契約更新の意思がないのを知らされることで、契約期間中に次の職場を探すだけの時間的余裕が得られるといったメリットがあります。

会社としては、雇止めつき契約の締結前に、労働者に対して「期間満了後は契約が更新されないこと」を十分に説明し、契約締結後も継続的に相談に応じるなどの配慮が必要です。

新入社員を採用するのでパート社員の雇止めを通知した ところ、「能力のある自分がなぜ雇止めを受けるのか」と 抗議されました。雇止めはどんな場合に認められるので しょうか。

パート社員の有期労働契約は期間満了によって終了しますが、 契約を更新することも可能です。もっとも、有期労働契約の 更新を拒否する雇止めは、契約期間中の解約である解雇には該当しま せん。しかし、有期労働契約を更新した後に雇止めをすることによる 紛争が多いため、有期労働契約の更新について「雇止め法理」という ルールが置かれています。

具体的には、①有期労働契約の更新が繰り返されていて雇止めが解 雇と同視できる場合、もしくは、②労働者が有期労働契約の更新に対 する合理的な期待をもっている場合には、合理的理由を欠き、社会通 念上相当でない雇止めが無効となり、会社側（使用者）が有期労働契 約の更新を承諾したとみなされます（労働契約法19条）。そして、① 雇止めが解雇と同視できるかどうか、②契約更新に対して合理的期待 をもっているかどうかは、更新の回数や通算雇用期間、有期労働契約 の内容、雇用の継続に対する使用者の言動などから判断します。

今回のケースでは、パート社員の雇止めについて、雇止め法理が適 用される状況にあるかどうかを判断します。そして、雇止め法理が適 用される状況にある場合には、「新入社員を採用すること」を理由と するパート社員の雇止めが、客観的で合理的なものであって、社会通 念上相当といえるどうかを判断します。

したがって、雇止め法理が適用される状況にあると判断されれば、 雇止めが無効と判断される可能性が高まります。会社としては、①② に該当する状況をつくり出さないよう、有期雇用契約の労働者に関す る雇用管理をすることが重要です。

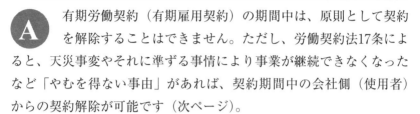

Q 会社側から有期雇用契約を途中解除することはできるのでしょうか。労働者側からの途中解除はどうでしょうか。

A 　有期労働契約（有期雇用契約）の期間中は、原則として契約を解除することはできません。ただし、労働契約法17条によると、天災事変やそれに準ずる事情により事業が継続できなくなったなど「やむを得ない事由」があれば、契約期間中の会社側（使用者）からの契約解除が可能です（次ページ）。

　会社側からの契約解除は解雇に該当するため、労働基準法20条に基づき、解雇する労働者に対して、少なくとも30日前に解雇を予告するか、予告をしない場合は30日分以上の平均賃金の支払いが必要になります。ただし、天災事変その他やむを得ない事由のために事業の継続が不可能となった場合で、行政官庁（管轄の労働基準監督署長）の認定（除外認定）を受ければ、解雇の予告や解雇予告手当の支払いを行わずに解雇ができます。なお、解雇について労働者が被った損害を賠償する責任を負う場合があります。

　これに対し、労働者側の事情で有期労働契約を途中解除する場合も、民法628条に基づき「やむを得ない事由」が必要です。ただし、有期労働契約の労働者は、民法628条の規定にかかわらず、契約期間の初日から１年を経過した日以後は、いつでも退職できるのが原則です（労働基準法137条）。なお、労働者についても、途中解除によって会社が被った損害を賠償する責任を負う場合があります。

　しかし、現実的には、労働者が出社しなくなった場合、無理に出勤を迫ることもできないことや、労働者に損害賠償をするだけの資力がないことも多い、といった事情があることから、労働者からの有期労働契約の途中解除は、比較的自由に行われる傾向にあるようです。

Q 取引先の仕事が打ち切りになったことで、業績の悪化が予想されるため、やむを得ず契約期間が途中のパート従業員を解雇したいのですが、何か問題が生じるでしょうか。

A パート従業員などが結んでいる有期雇用契約（雇用期間の定めがある雇用契約）は、雇用期間中の雇用継続を保証することを前提とした契約ですから、原則として雇用期間中の解雇はできません。

労働契約法17条は、「使用者は、期間の定めのある労働契約について、やむを得ない事由がある場合でなければ、その契約期間が満了するまでの間において、労働者を解雇することができない」と規定しています。この規定の「やむを得ない事由」は、解雇権濫用法理（労働契約法16条）が適用される場面よりも、解雇の有効性を厳しく判断することを意味します。解雇権濫用法理とは、客観的に合理的な理由がなく、社会通念上の相当性のない解雇を無効とするもので、無期雇用契約（雇用期間の定めのない雇用契約）を結んでいる正社員などへの適用が想定されています。この解雇権濫用法理よりも解雇の有効性が厳しく判断されることから、雇用期間の途中に有期労働契約を結んでいるパート従業員を雇用期間中に解雇するためのハードルは、無期雇用契約を結んでいる正社員を解雇するよりも高いことになります。したがって、有期雇用契約を結んでいる労働者の人員整理は、労働契約法16条が適用されない「雇止め」によって行うことが多いといえます。

本ケースでは、「取引先の仕事が打ち切りになったことで、業績の悪化が予想される」ということが解雇事由となっていますが、これが「やむを得ない事由」であると認められれば、雇用期間が途中のパート社員を会社が解雇することが可能になります。そして、「やむを得ない事由」があるかどうかは、事案に応じて個別具体的に判断されます。今回のケースでは、パート従業員を解雇しなければ、会社経営に

重大な支障を直ちに及ぼす可能性が高いという状況を、会社側が立証しなければなりません。

　そして、会社側の「やむを得ない事由」が立証され、パート従業員を雇用期間中に解雇することになった場合には、労働基準法20条に基づき、少なくとも30日前の予告（解雇予告）をするか、予告をしない場合は30日分以上の平均賃金（解雇予告手当）の支払いが必要です。

　今回のように解雇によって人員整理を行うことを整理解雇といいます。整理解雇を行う場合は、人員削減をする必要性があり、配転や労働時間削減など解雇を回避するための努力を行い、客観性・合理性のある基準によって解雇対象者を選定し、労使間で十分に協議を行うといった会社側の行動が求められます（整理解雇の4要件）。これらは解雇対象者の雇用体系にかかわらず行われなければならないので、解雇対象者がパート従業員であっても、同様の行動をとった上で解雇に臨まなければなりません。

　さらに、民法628条に基づき、解雇事由が会社側の過失によって生じたときは、解雇した労働者に対して損害賠償の責任を負わなければなりません。したがって、解雇を行う会社側としては、残りの雇用期間分の賃金と同程度の損害賠償金を負担しなければならなくなる場合もあることを知っておく必要があります。

■ 有期契雇用契約の労働者を解雇するときのポイント ……………

①解雇にやむを得ない事由があるか ➡	あれば解雇ができる
②解雇予告をしたか、または解雇予告 ➡ 手当を支払ったか	労働者から解雇の無効主張や解雇予告手当の請求を受ける場合がある
③整理解雇の4要件を満たすか（解雇 ➡ 回避努力などをしたか）	満たせば解雇ができる

※残りの契約期間分の賃金と同程度の損害賠償金を請求される可能性あり

Q 経営状況が厳しいため、週3日勤務のパート社員を整理解雇する予定です。勤務日数が正社員よりも少ない場合でも解雇予告手当を30日分支払う必要があるのでしょうか。

A 会社が労働者を解雇する場合は、解雇予定日の30日以上前に予告（解雇予告）をするか、解雇予告手当の支払いをしなければなりません。解雇予告や解雇予告手当の対象者は、正社員に限らず、勤務日数の少ないパート・アルバイトなどの非正規社員も含まれます。

ただし、以下の①～④のいずれかに該当する労働者に限り、解雇予告や解雇予告手当の適用が除外され、解雇する際に解雇予告や解雇予告手当の支払いが不要となります。したがって、本ケースのパート社員が①～④に該当しないのであれば、解雇予告もしくは解雇予告手当の支払いが必要です。

① 日雇い労働者（雇用されてから1か月以内に限る）

② 2か月以内の契約期間を定めて雇われる者（定められた契約期間以内に限る）

③ 季節的業務に4か月以内の契約期間を定めて雇われる者（定められた契約期間以内に限る）

④ 試用期間中の者（雇用されてから14日以内に限る）

解雇予告について必要となる予告日数は、平均賃金1日分を支払った日数分だけ短縮ができます。そのため、解雇予告手当について30日分以上の平均賃金の支払いが要求されるのは、支払いをした日に解雇する場合（即日解雇）となります。

なお、天災事変その他やむを得ない事由があって事業継続ができなくなった場合、もしくは労働者側の帰責事由で労働契約を継続できない場合は、所轄の労働基準監督署長の認定（除外認定）を受けることで、解雇予告や解雇予告手当が不要となります。

Q 能力は低くありませんが、たびたび業務命令に従わずにトラブルを起こす正社員を、一方的に自主退職扱いで処分しようと思うのですが、後でトラブルになるでしょうか。

A 会社側としては、上司からの業務命令に従わずトラブルを起こす従業員は辞めてほしい、と考えるのが実情でしょう。ただし、そのような従業員を一方的に処分する行為は、自主退職にはあたりません。自主退職とは、従業員側が自己都合で退職する行為であるため、一方的に退職とする処分をする場合は「解雇」として扱われます。そして、解雇に関しては、事前に定めておいた就業規則もしくは労働契約書に記載されている解雇事由に該当する場合に限り、これを行うことができることに注意が必要です。

　さらに、労働契約法16条では、解雇に関して「客観的に合理的な理由を欠き、社会通念上相当であると認められない場合は、その権利を濫用したものとして、無効とする」と規定しています。これを解雇権濫用法理といいます。たとえば、多少の勤務態度の不良を理由とする従業員の解雇は、合理性も相当性もないので無効となります。しかし、従業員の勤務態度に大きな問題があり、会社の業務に支障が生じる程度に勤務態度が不良である場合であれば、解雇に合理性が認められるでしょう。ただ、解雇が労働者の生活基盤を奪う重大な事柄であるため、いきなり解雇を言い渡すことは社会通念上の相当性を欠いて無効とされる可能性が高いといえます。

　そこで、今回のケースの場合は、対象の正社員に対し、勤務態度などの改善に関して注意や指導を繰り返す必要があります。それでも改善されず、会社の業務に支障をきたす場合に解雇する方向で検討を行います。そして、一方的に辞めさせるのは解雇であり、自主退職扱いでの処理はできませんので注意が必要です。

3 契約期間のルールについて知っておこう

通算した契約期間が5年を超えれば無期労働契約に転換できる

■ 有期労働契約の契約期間の上限

　有期労働契約（有期雇用契約）の契約期間は、原則として3年が上限です。ただし、厚生労働省が認める高度な専門技術を有する労働者の場合、または満60歳以上の労働者の場合は、5年が上限となります（労働基準法14条）。ここで「高度な専門技術を有する労働者」とは、①博士の学位を有する者、②公認会計士・弁護士・税理士・社労士・医師などの資格を有する者、③システムアナリスト資格試験合格者、またはアクチュアリーに関する資格試験合格者、④特許発明者など、⑤システムエンジニアとして5年以上の実務経験を有するシステムコンサルタントで、年収が1075万円以上の者などが該当します。

　その他、建設工事のような有期事業もしくは認定職業訓練などで、事業や訓練の完了までに一定の期間が必要な場合は、上記の3年・5年を超えた契約期間を定めた労働契約の締結が可能です。たとえば、工事完成まで10年を要する工事に従事する労働者の場合は、契約期間10年を上限とする労働契約を結ぶことができます。

■ 1年経過日以後はいつでも退職できるルールがある

　契約期間を定めた以上、やむを得ない事由がない限り、労働者は契約期間中の退職はできないのが原則です（民法628条）。ただし、前述した高度な専門技術を有する労働者と満60歳以上の労働者を除いて、1年を超える契約期間で働く労働者は、契約期間の初日から1年を経過した日以後は、会社側（使用者）に申し出ることで、いつでも退職ができます（労働基準法137条）。たとえば、3年の契約期間で働いて

いる労働者は、契約期間の初日から１年を経過した日以後であれば、いつでも労働者の都合で辞めることが可能です。

契約の更新により通算の契約期間が５年を超えた場合

　有期労働契約を締結するパート社員や契約社員などにとって、いつ訪れるかわからない雇止めに対する不安は切実なものがあります。そこで、労働契約法18条では、有期労働契約から無期労働契約への転換に関する制度（無期転換ルール）を定めています。具体的には、同じ会社（使用者）との間で締結していた複数回の有期労働契約の通算期間が５年を超えれば、有期労働者（有期労働契約を締結している労働者）は、労働契約を無期のものに転換するよう、会社側に申し込むことができます。この申込みによって現在の有期労働契約の期間満了時から無期労働契約へと転換されます。もっとも、無期労働契約への転換後の労働条件は、有期労働契約を締結していた時と同じでかまいません。また、会社側は、この申込みを拒否できず、自動的に承諾したとみなされます。

無期転換ルールの例外（クーリング期間）

　無期転換ルールには「通算して５年」という通算期間の算定に関する例外があります。それは、有期労働契約の終了から次の有期労働契

■ 労働契約の期間 ‥‥‥‥‥‥‥‥‥‥‥‥‥‥‥‥‥‥‥‥‥‥‥

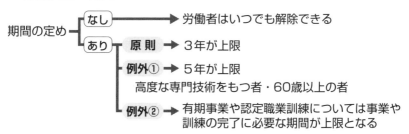

約の開始までの間（空白期間）が６か月以上の場合は、前後の契約期間の通算が認められなくなるという例外です。このときの空白期間をクーリング期間と呼んでいます。

　なお、クーリング期間の前の契約期間が１年未満の場合には、その契約期間の２分の１を基本として、クーリング期間の長さが決定されます。

■ 無期転換ルールに関する特例

　無期転換ルールに関しては、専門家の特例、特別措置法による特例、という２つの特例が設けられています。

① 専門家の特例

　対象者は、大学や研究開発法人の教員や研究者、技術者、リサーチアドミニストレータなどです。これらの専門家が大学や研究開発法人、研究機関などと有期労働契約を締結した場合、専門家の申し出により無期労働契約に転換が可能になるまでの期間は10年とされています。

② 特別措置法による特例

　有期労働者が高度な専門技術を有する者や継続雇用制度の高齢者である場合、一定期間内は無期労働契約への転換申込権が発生しないという特例が設けられています（都道府県労働局長の認定が必要です）。

■ 無期転換ルールの内容 ·······························

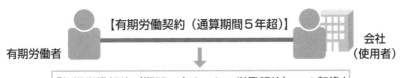

☆ 原則６か月以上のクーリング期間（未契約期間）をはさんでいる場合、クーリング期間前の契約期間は通算されない。

☆ 会社は、有期労働者による転換の申込みを自動的に承諾したとみなされるため、会社が転換の申込みを拒否することはできない。

Q 業務中のケガで休業中の契約社員について、期間満了で雇止めにしたいと思っているのですが、問題はないでしょうか。

A 　会社（使用者）は、業務中のケガや病気によって休業する労働者については、その休業期間中と休業期間後30日の間、解雇することができません（労働基準法19条）。この解雇制限は、今回のケースのように、休業期間中もしくは休業期間後30日の間に契約期間が満了する有期労働契約の労働者を雇止めする場合には適用されません。契約期間の満了に伴って会社が契約更新を拒否する雇止めは、契約期間中に会社が一方的に雇用関係を終了させる解雇には該当しないからです。

　ただし、特に契約更新を過去にしていた場合には、雇止め法理の適用に注意が必要です。雇止め法理とは、①有期労働契約の更新が繰り返されていて雇止めが解雇と同視できる場合であるか、②労働者が有期労働契約の更新に対する合理的な期待をもっている場合には、合理的理由を欠き、社会通念上相当でない雇止めが無効となり、会社が有期労働契約の更新を承諾したとみなされるという制度です（労働契約法19条）。

　本ケースの場合、契約社員に①または②の事情が認められ、雇止め法理が適用される状況にある場合には、「業務中のケガにより休業している」という点のみをもって雇止めをすることは、合理性も相当性もなく無効であると判断される可能性が高いといえます。

　なお、契約期間が1年以上、3回以上契約を更新している、1年を超えて継続雇用されている、のいずれかに該当する労働者について、その有期労働契約を更新しないとする場合には、厚生労働省が示している「有期労働契約の締結、更新および雇止めに関する基準」に基づき、労働者に対して、少なくとも30日前に雇止めの予告をする努力が求められています。

4 高齢者を解雇する場合に気を付けなければならないこと

高年齢者の雇用を確保する法律がある

■ 企業は高齢者の雇用を確保する義務がある

人材の活性化という観点から、どうしても高齢従業員は解雇や退職勧奨の対象とされがちです。

しかし、世界でも未曾有の超高齢社会へと突き進んでいる日本では、60歳を過ぎても何らかの職業に就かなければ生活できない状況になっています。高齢者の効果的な雇用管理は企業の重要な課題ということができるでしょう。

高年齢者雇用安定法は、高齢者の雇用の安定や再就職の促進などを目的とした法律です。高齢者の定年に関する制限、高年齢者の雇用確保のために事業者が講じるべき措置などが定められています。

事業主には、高年齢者の雇用確保措置として、65歳未満の定年制を採用している事業主に対し、①定年の引上げ、②継続雇用制度(再雇用制度や勤務延長制度を活用し65歳まで引き続き雇用する制度)の導入、③定年制の廃止のいずれかを選択する義務が課されています。多くの企業では、60歳でいったん定年退職し、65歳まで1年などの雇用期間を定めて更新する再雇用制度が採用されています。

■ 定年後再雇用者を雇止めできるのか

定年後再雇用する場合には、通常1年の雇用期間を定めます。そのため、事業主は雇用期間が満了した際に更新するかどうか判断する必要があります。60歳で定年退職し、1年後の雇用契約か満了するタイミングで契約を更新しないとすることはできるのでしょうか。

定年後の再雇用であったとしても、雇止め法理が適用されます。労

働契約法19条では、①過去に反復更新された有期労働契約について、その雇止めが無期労働契約の解雇と社会通念上同じと認められるもの、②有期労働契約が更新するものとして期待することについて、合理的な理由があると認められるもの、これらいずれかの有期労働契約を更新しない場合には、「客観的に合理的な理由」があって「社会通念上相当であると認められること」が必要と定めています。

　定年後再雇用者については、制度上、65歳まで引き続き雇用することを企業に義務付けているため、労働者も65歳まで有期労働契約が更新されるものと期待していると考えられます。そのため、定年後再雇用者の有期労働契約を更新しないことについて、「客観的に合理的な理由」があって「社会通念上相当であると認められること」が必要となります。

　つまり、年齢だけを理由に労働契約を更新しないということは客観的合理的な理由にはならず、雇止めをすることはできません。

　また、体力や能力の低下を理由に雇止めをする場合には、労働契約書などに労働契約を更新しない場合の判断基準を明示しておく必要があります。さらに、体力や能力の低下による雇止めが認められるためには、体力や能力の低下が原因で業務に支障が生じていることや、改善の見込みがないことなどの客観的な事実が必要です。

■ 高年齢者を解雇した場合には、再就職援助を考える

　法律では、高年齢者等を45歳以上65歳未満の者と定義しています。高年齢者等を事業主都合で解雇する場合で、その高年齢者等が再就職を希望する際に、事業主は求人の開拓などの再就職援助措置を実施することが努力義務として課されています（高年齢者雇用安定法15条）。

　また、事業主は、高年齢者等が事業主都合で解雇する場合で、その高年齢者等が希望する際には求職活動支援書を作成し、交付する義務があります（高年齢者雇用安定法17条）。

求職活動支援書には、離職予定者の氏名、職務の経歴、資格・免許、受講した講習などの内容を記載します。また、再就職のあっせんや求職活動のための休暇を付与する場合には、それらの措置の具体的な内容も記載します。求職活動支援書の対象者に共通して実施される措置を求職活動支援基本計画書として作成することで労働移動支援助成金（235ページ）が支給されることがあります。

■ 多数離職の届出を行う

　事業主の都合により労働者を解雇し、多数の離職者が発生する場合には、様々な法律でハローワークに届出をするように定めています。これらは、多数の離職者が地域で出た場合にハローワークが迅速かつ的確な対応を行えるように事前に届出をするように義務付けたものです。

　たとえば、労働施策総合推進法27条では、1か月以内に30人以上が事業主都合で離職する場合、事業所の所在地を管轄するハローワークに「大量雇用変動届」を提出しなければなりません。

　また、高年齢者雇用安定法16条では、雇用する高年齢者等が1か月以内に5人以上が事業主都合で離職する場合、事業所の所在地を管轄するハローワークに「多数離職届」を提出しなければなりません。

■ 定年再雇用者の雇止め ……………………………………………

下記に該当する契約を更新しない場合、「客観的に合理的な理由」があって「社会通念上相当であると認められること」が必要

①過去に反復更新された有期労働契約について、その雇止めが無期労働契約の解雇と社会通念上同じと認められるもの

②有期労働契約が更新するものとして期待することについて、合理的な理由があると認められるもの

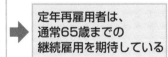

定年再雇用者は、通常65歳までの継続雇用を期待している

Q 当社では、定年後の従業員について給料カットなどの条件見直しをした上で同じ仕事で嘱託として再雇用しているのですが、従業員は不満のようです。何か問題になるのでしょうか。

A 定年後の労働者を嘱託社員として雇用する場合に賃金を減額するケースが多く見られます。定年前と比較して賃金を減額することが直ちに違法となるわけではありません。しかし、嘱託社員にしたからといって当然に賃金を減額できるという認識は間違っています。定年前と比較して業務内容や人事異動のしくみ（業務内容や配置が変更される範囲）などが変わらないにもかかわらず、雇用形態が嘱託社員になっただけで賃金を減額することは、以下の「短時間労働者及び有期雇用労働者の雇用管理の改善等に関する法律」（短時間・有期雇用労働法）の規定に違反することに注意が必要です。

① 短時間労働者や有期雇用労働者の待遇について、職務の内容（業務内容）、人事異動のしくみ（職務の内容と配置の変更の範囲）などの事情を考慮し、通常の労働者（正社員）の待遇との間において不合理な相違を設けることの禁止（均衡待遇、8条）

② 職務の内容や人事異動のしくみが通常の労働者と同一の短時間労働者や有期雇用労働者について、基本給や賞与などの待遇について差別的取扱いをすることの禁止（均等待遇、9条）

①の均衡待遇は、すべての嘱託社員に適用されますが、正社員と同等の待遇までは要求されません。これに対し、②の均等待遇は、正社員と比較して業務内容や人事異動のしくみなどが同一の嘱託社員に適用され、正社員と同等の待遇が要求されます（同一労働同一賃金）。したがって、再雇用後に賃金を減少させる場合は、業務内容や業務への責任の程度を軽減し、転勤はないことにするなど、労働条件に関して十分に配慮することが必要です。

派遣契約は簡単に解除できない

■ 派遣期間についてのルール

　労働者派遣とは、派遣会社（派遣元）との間で雇用契約（労働契約）を結ぶ派遣労働者が、別の会社（派遣先）で業務の指示を受けながら働く雇用形態のことです。労働者派遣が行われる場合の労働者の派遣期間については「個人単位」と「事業所単位」での制限があります。

　個人単位の期間制限は、派遣先の事業所の同じ組織単位（事業所内の部・課に相当します）で、同じ派遣労働者を継続して3年を超えて働かせてはいけないという制限です。個人単位の期間制限は、過半数労働組合などの意見聴取による延長ができません。

　これに対し、事業所単位の期間制限は、派遣先の同じ事業所（会社内の支店・営業所に相当します）で、派遣会社から継続3年を超えて派遣労働者を受け入れてはいけないという制限です。派遣先が同じ事業所で3年を超えて派遣労働者を受け入れようとする場合は、3年に達する1か月前までに、事業所の過半数労働組合（ない場合は過半数代表者）への意見聴取が必要です。過半数労働組合などの同意を得る必要はありませんが、意見聴取の内容は書面に必ず残します。

　なお、上記2つの期間制限は、派遣会社との間で有期労働契約を結ぶ派遣労働者が対象です。派遣会社との間で無期労働契約を結ぶ派遣労働者は対象外です。その他に対象外となる場合として、①終期が明確な有期プロジェクト業務に派遣する場合、②1か月当たり原則10日以下の日数限定業務に派遣する場合、③産前産後休業・育児休業・介護休業を取得する労働者の代替要員として派遣する場合、④満60歳以上の者を派遣する場合があります。

■ 派遣先が労働者派遣契約を途中で解除できない場合

　派遣先は派遣会社と労働者派遣契約を結びますが、派遣先都合の労働者派遣契約の解除（契約期間の途中での解除）は、派遣労働者の就業機会を奪うため、派遣先が次の理由で労働者派遣契約を解除することが禁止されるなど、一定の制限があります。なお、労働者派遣契約の期間満了による終了は「解除」にあたりません。

　まず、派遣労働者の国籍・信条・性別・社会的身分を理由とする労働者派遣契約の解除が禁止されます。信条とは、特定の宗教的な信念あるいは政治的な信念のこと、社会的身分とは、生来的な地位（婚外子であることなど）のことをさします。

　次に、派遣労働者が労働組合の正当な行為をしたことを理由とする労働者派遣契約の解除が禁止されます。労働組合の正当な行為には、団体交渉や正当な争議行為の他、労働組合の会議に参加する行為、労働組合の活動のための出張などが含まれます。

　さらに、派遣労働者の人種、門地（家柄）、婚姻、妊娠、出産、心身障害の他、派遣労働者が派遣先に苦情を申し出たことなどを理由と

■ 個人単位の期間制限 ………………………………………………

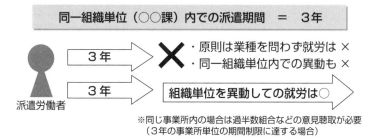

94

する労働者派遣契約の解除も禁止されます。派遣先の違法行為を派遣労働者が関係行政機関に申告した（公益通報）ことを理由に、労働者派遣契約を解除することも禁止されます。

労働者派遣契約を派遣先都合によって途中で解除する場合

派遣先が自らの都合で労働者派遣契約を解除（契約期間の途中での解除）する場合には、派遣元に解除の申入れをして合意を得ることが必要です。解除理由を派遣元から問われた場合、派遣先はその理由を明らかにしなければなりません。

さらに、自らの都合で解除する派遣先は、①派遣労働者の新たな就業機会を確保する措置をとるか、②休業手当などの支払いに要する費用の負担などの措置をとることが必要です。派遣先としては、まず派遣先の関連会社などで派遣労働者が働けるように手配するなど、①の

■ 派遣契約を途中で解除する場合の注意点 ……………………………

1	その解除が真にやむを得ず、正当なものかを十分に検討すること
2	あらかじめ相当の猶予期間をもって、派遣元に解除の申し出を行い、合意を得ること
3	派遣先の関連会社での就業をあっせんするなど、その派遣労働者の新たな就業の機会の確保を図ること
4	派遣先都合での（派遣先の責めに帰すべき事由による）労働者派遣契約の解除に伴い、派遣元が派遣労働者を休業させる場合は、休業手当相当額以上の額を派遣元に支払う （解除に伴い、派遣元がやむを得ない事由で派遣労働者を解雇する場合は、たとえば、相当の猶予期間がない解除の申入れにより派遣元が解雇予告をしないときは、30日分以上の賃金相当額以上の額を派遣元に支払う）
5	労働者派遣契約の解除につき、派遣先と派遣元の双方の責めに帰すべき事由がある場合は、派遣先と派遣元のそれぞれの責めに帰すべき部分の割合についても十分に考慮すること

措置を講じます。しかし、派遣労働者の新たな就業機会を確保できない場合に、②の措置を講じます。②の措置として、具体的には、労働者派遣契約の解除に伴い、派遣元が派遣先で就業していた派遣労働者を休業させる場合は、その休業手当に相当する額以上の額について、派遣先が派遣元に対し損害の賠償を行わなければなりません。また、労働者派遣契約の解除に伴い、派遣元がやむを得ない事由で派遣先で就業していた当該派遣労働者を解雇する場合は、以下の額について、派遣先が派遣元に対し損害の賠償を行わなければなりません。

・派遣先による解除の申入れが相当の猶予期間をもって行われなかったことで、派遣元が解雇予告をしないときは、30日分以上の賃金に相当する額以上の額

・解雇予告をした日から解雇日までの期間が30日未満のときは、解雇日の30日前の日から解雇予告日までの日数分以上の賃金に相当する額以上の額

■ 派遣労働者の能力に問題がある場合

　労働者派遣の場合、派遣元が派遣先の求める能力を備えた派遣労働者を選ぶため、必要な労働力を満たさない者が派遣されるケースがあります。この場合、派遣先責任者と派遣元責任者で調整を行いますが、派遣先が派遣元に求めていた能力に明らかに及ばない者が派遣されることもあるかもしれません。

　派遣元は、労働者派遣契約に基づき、派遣先が求める労働力を提供する義務を負っています。派遣先の求める労働力を派遣労働者が明らかに満たさない場合、派遣元は労働者派遣契約に基づく義務を全うしていません。この場合、派遣先は派遣元に対して派遣労働者の交代などの対応を要請することができます。派遣労働者の交代や労働者派遣契約の解除を避けるには、契約締結前に、派遣労働者の従事する業務内容と求められる能力を契約書に具体化しておくことが重要です。さ

らに、派遣労働者の能力が労働者派遣契約で定めた業務内容と求められる能力に及ばない場合の対処法も、契約書に示しておくべきでしょう。その上で、派遣労働者の交代要請や労働者派遣契約の解除を行う場合について、契約書に明記するとよいでしょう。

提供される労働力に関する契約書の記載が抽象的である場合には、派遣先が派遣労働者の交代要請や労働者派遣契約の解除といった措置がとれない場合があることに留意します。

その他には、派遣労働者の能力不足だけでなく、無断欠勤や遅刻が多い、業務命令や職場規程を守らないなどの事態も想定し、具体的な対処法を契約書に示しておくようにします。また、派遣労働者の休暇に伴って代わりとなる者が必要な場合も、派遣元が代替要員を派遣するといった取り決めをしておくとよいでしょう。

■ 派遣労働者の交代に関する条文のサンプル ……………………

労働者派遣契約

第1条（目的）
　　　:

第○○条（派遣労働者の交替）
　派遣労働者の就業にあたり、当該派遣労働者が業務処理方法、就業規律等に従わない場合、または業務処理の能率が著しく低く労働者派遣の目的を達しない場合、乙は甲にその理由を示し、派遣労働者の交代を要請することができる。
2　前項の場合であっても、甲が派遣労働者に対し適切な措置を講じることにより改善が見込める場合には、甲は乙の了承を得て、当該派遣労働者に対する指導、改善を図ることができる。
3　派遣労働者の傷病その他やむをえない理由があるときは、甲は乙の了承を得て派遣労働者の交替をすることができる。
　　　:

※甲：派遣元、乙：派遣先

Q 「請負で人を使っている会社は、みなし雇用制度に気をつけた方がいい」とアドバイスされたのですが、どういう意味でしょうか。

A 労働契約申込みみなし制度（みなし雇用制度）とは、派遣先が労働者派遣法の一部の規制に違反していると知りながら、または過失によって知らずに派遣労働者を受け入れていた場合、その派遣先は、派遣労働者に対して自動的に直接雇用の申込みをしたことになる制度です。この制度については、派遣元が派遣労働者に対して就業規則の明示を行う際に、あわせて明示する必要があります。具体的に対象となる派遣先の違法行為は、①派遣労働者を派遣禁止業務に従事させた場合、②許可や届出なく派遣労働者の派遣を受けた場合、③派遣期間の上限を超えて労働者派遣を受けていた場合、④労働者派遣以外の名目で偽装した契約を締結していた場合（偽装請負など）の4つです。

そして、これらの違法行為によって派遣労働者を業務させた時点で、派遣先が、派遣労働者に対して、その派遣労働者の派遣元における労働条件と同一の労働条件を内容とする労働契約の申込みをしたとみなされます。派遣先は、みなし申込みを1年間撤回できません。派遣労働者が、期間内に労働契約の申込みに対する承諾をすれば、派遣先と派遣労働者との間で労働契約が成立します。ただし、期間内に承諾の意思表示がなかった場合は、みなし申込みの効力がなくなります。

本ケースで適法な請負となるには、労働者の管理を発注者側の企業ではなく請負人側の企業が行わなければなりません。発注者側の企業が請負人側の企業の労働者に対して直接指揮監督をすることは、労働者派遣法の規制を受ける行為で、偽装請負にあたります。偽装請負に該当すると、みなし雇用制度が適用される可能性が生じますから、この点に注意して雇用管理を行わなければなりません。

第4章

問題社員・組合をめぐる
従業員とのトラブル

1 問題社員の扱いに困っているという場合もある

会社として毅然とした態度をとることも大事

■ 会社からの命令に従わない問題社員への対処法

　自分の権利を常に主張する労働者は理論武装しており、会社側がこれに対抗するのは難しい場面もあります。たとえば、「社内の掃除に参加しない」ことについて、それを就業時間前に行うことを要求しているのであれば、労働者が遅刻をしていない限り、掃除への不参加を理由に懲戒処分はできません。服装や髪型の指示についても、あらかじめ就業規則などに明記していないのであれば、会社側による細かい指示はできないと考えるべきでしょう。

　問題社員の言動によって、会社側が迷惑を受けているのであれば、何らかの対処が必要です。最初は、口頭で「なぜその言動に問題があるのか」を十分に説明し、改善指導をすべきでしょう。「どうせ言っても聞かない」「法律や規則を盾にして反論されるだけ」と逃げ腰になるだけでは、いつまでも解決しません。それでも問題社員の言動が改善されない場合には、さらに強硬な対処をする必要があります。具体的には、次のような対処をすることが考えられます。

① 昇給をしない

　労働契約（雇用契約）で決まっている賃金を会社側が一方的に減給することはできません。しかし、「職場の業務遂行を妨げている」という理由で評価をせず、昇給を見送ることは可能です。

② 賞与を支給しない

　賞与は月々の賃金と違い、支給するかしないかを会社側が決めることができます。就業規則などで賞与の支払いについて定めている場合は、その定めに基づいて支給の有無を決定しなければなりません。

③　配置転換を命ずる

　問題社員の言動が「職場の業務遂行を妨げている」ようであれば、それを理由に配置転換をすることは、業務上の必要があって有効と認められる可能性が高いでしょう。ただし、遠隔地への転勤を伴う場合には、不当な動機があるものとして配置転換の命令が無効と判断されることがあります。

■ 退職か解雇かでもめる場合

　退職理由について労働者と会社の見解が異なるのは、比較的よくあるケースです。公共職業安定所は、どちらかに肩入れすることはありません。双方から退職時の状況や手続きなどを聴取して、中立的な立場からどの退職理由が妥当であるかを判断するだけです。したがって、公共職業安定所から問合せがあっても慌てる必要はありません。必要書類の提出や聴取などの調査に誠実に協力し、事実を漏らすことなく報告するだけで十分です。

■ 問題社員への対処方法 ……………………………………………

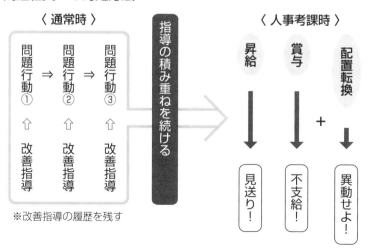

※改善指導の履歴を残す

Q 他の従業員と比べて極端に成績が悪く、職場内の雰囲気にも悪影響を与えている従業員をクビにしたいのですが、どうすればよいでしょうか。

A 従業員をクビにすることは「解雇」を意味しますから、原則として、合理的な理由と社会通念上の相当性が必要です（解雇権濫用法理、労働契約法16条）。また、解雇に関する規定が就業規則や雇用契約書に存在することが前提条件になります。したがって、本ケースの場合は、解雇に関する規定が存在し、かつ、対象の従業員が労務提供義務を果たしていないといえるだけの証拠を用意し、これを理由として解雇する必要があります。

さらに、従業員を解雇するには、そこに至るまでに会社側が改善指導や教育訓練を重ねたという実績が必要です。会社側の改善指導などの結果、従業員の成績が上がらない場合は、配置転換を検討します。会社には人事権がありますから、原則として、従業員本人の同意を得ることなく配置転換が可能です。ただ、転居を伴う配置転換は従業員の家族などに配慮する必要がある点に注意してください。また、職種や地域を限定して雇用している場合は、配置転換について従業員の同意が必要です。

以上から、従業員を解雇する場合には、労務提供義務を果たしていないと判断できる証拠として、①改善指導や教育訓練を実施したり、配置転換を行ったりして、雇用を継続する努力をしたこと、そして、②それにもかかわらず改善の兆しがないため、解雇もやむを得ないと判断できる状況にあること、を示すことができる証拠をそろえておく必要があります。ただ、従業員を解雇する前に、証拠を本人に見せて退職勧奨を行い、本人が納得できる状況を作り出し、本人から「辞めます」と言わせるようにします。辞めるとの言質をとったら、早い段階で退職届を提出してもらいましょう。

2 問題社員への対処法を知っておこう

解雇する前段階として改善指導を繰り返し行う必要がある

■ 勤務態度の悪い社員を放置しておいてはいけない

　どこの会社にも勤務態度の悪い問題社員はいるものですが、その問題社員に対して適切な対応をしている会社はそれほど多くありません。遅刻や欠勤を繰り返す社員に頭を悩ませている経営者もいれば、改善指導などを行わないまま勤務態度の悪い社員をいきなり解雇した結果、労働組合などに駆け込まれ、解雇が無効であると裁判所に判断され、多額の金銭を支払うことになる経営者もいます。問題社員がいる場合、一番いけないのは、その問題社員を放置することです。放置しておくと、誠実に働いている周りの社員に悪影響を与えるだけでなく、取引先などに悪い印象を与えかねませんから、何らかの対応を行わなければなりません。

　前述のように、問題社員がいる場合に「いきなり解雇する」のはリスクが大きいです。まずは、問題社員について勤務態度が悪いという事実を他の社員も共通して認識できるようにした上で、その問題社員に対して勤務態度を改善するように指導することが求められます。たとえば、遅刻癖のある社員や欠勤の多い社員がいる場合には、その社員の遅刻や欠勤が多いという事実を他の社員が共有できるようにするため、朝礼を行うようにします。その際に、出席した社員が前日の報告をしたり、その日の目標やスケジュールなどを話したりする機会を設けて、出席者と欠席者がわかるようにします。朝礼の進行役を社員が順番に行うようにし、進行役が社員の出欠状況を書類に残すようにしておけば、より確実に出欠状況がわかるようになります。遅刻した社員や欠勤した社員については、翌日などの朝礼で遅刻・欠勤の理由

を報告させるようにすれば、書類として残すことができます。

■ いきなりクビにはできない

　問題社員は、遅刻や欠勤をしても「理由を報告すればよい」と開き直ってしまう可能性がありますし、何の注意もしなければ、他の社員に悪影響を与えかねません。そこで、前述した朝礼とは別に、遅刻や欠勤があるたびに、上司や経営者が本人に注意するようにします。口頭の注意だけでは記録として残りにくいので、遅刻や欠勤があるたびに、本人の反省を促すため、警告書を渡して遅刻や欠勤の理由を記載させるようにします。

　さらに、会社が問題社員に改善指導などを行ったことを記録として残します。具体的には、社員の改善指導シート、改善指導票といった書類に、問題社員の言動とそれに対する会社側の対応、その後の問題社員の言動の変化などをまとめておくとよいでしょう。こうした書類に、問題社員が抱えている問題点を積み上げるようにして、会社側が行った改善指導などの履歴もわかるようにしておくと、最終的に解雇を行わざるを得ない状況となったときに不当解雇（解雇権の濫用）と判断されにくくなるでしょう。

　以上、問題社員については、問題言動があるたびに注意し、改善指導などを行う、という地道な対応を積み重ねることが重要です。こうしておけば、解雇する段階になった時に、問題社員が「解雇されても仕方がない」と納得せざるを得ないような客観的な資料をそろえておくことができます。なお、十分な証拠がそろったとしても、いきなり解雇せずに退職勧奨を試み、それでも退職しようとしない場合に限って解雇を選択するとよいでしょう。

3 問題社員が「辞める」と発言した場合の対応を知っておこう

自分から辞めた証拠として退職届を提出してもらう

■ 口頭でやめるといっただけでは弱い

　有能な社員に残ってもらい、問題社員に辞めてもらうことができるかどうかは、会社にとって大きな関心事といえます。問題社員が自ら「会社を辞める」と発言した場合には、波風立てずに会社を去ってもらう絶好の機会ですから、慎重に対応しましょう。

　たとえば、希望退職の募集に伴って行う面談時に、社員の業績や勤怠状況について注意することもあると思います。そのような場面で感情的になった問題社員が「会社を辞める」と発言した場合、問題社員が口頭で表明した意思をそのままにせず、後から証拠として使える形にすることができるかどうかが大きなポイントとなります。後から証拠として使える形として、口頭での意思表示だけでは足りないからです。

　一番よいのは、問題社員から退職届（辞表）を提出してもらうことです。退職届を提出してもらえば、その社員が会社を辞めた場合に、自己都合退職であることを証明しやすくなります。しかし、口頭での意思表示だけで、辞める意思を示した文書や電子メールなどが存在しないと、元社員と裁判で争う事態になったときに、元社員が本当に自分から「会社を辞める」と発言していたとしても、それを証明することが難しくなります。

■ 解雇通知をするのではなく退職届を書いてもらう

　問題社員との間で行き違いがあり、修復が難しい状況に至ったとしても、冷静さを失わないようにしましょう。問題社員が「こんな会社は辞めてやる！」と発言をした場合、「こんな社員はクビにしてや

る！」と思っても、売り言葉に買い言葉で、会社側から解雇を言い渡すのは得策ではありません。

　たとえば、自分から辞めると発言した社員が会社に出勤しなくなり、結果的に会社を辞めたとします。しかし、後になって「会社に辞めさせられた」「不当解雇された」などと元社員が主張してくるケースが少なくありません。この場合、自分から辞めると言い出した社員に対して、会社側から解雇通知の文書などを出していたらどうなるでしょうか。裁判官の目には、元社員が自ら辞めると発言したことを裏付ける文書などがなく、解雇通知書が証拠として重要視されることになるのです。

　社員が会社を辞める時には、後から自己都合退職か、不当解雇かをめぐって裁判となる可能性を頭に入れておきましょう。そして、裁判となっても対応できるように、社員が自分から辞めると申し出てきた場合には、必ず退職届（辞表）を書いてもらうようにしましょう。

　人員削減は会社の再建のために行うものです。最終的には整理解雇（67ページ）を実施するとしても、その前の段階である希望退職によって辞めてもらうことができれば、その方がよいのです。

■ 社員の上手な辞めさせ方 ……………………………………………

◆ ヘタな対応	◆ 上手な対応
無能な社員を辞めさせたい	無能な社員を辞めさせたい
↓	↓
ロクな証拠も残さぬまま、感情的になってクビを通告する	社員の問題行為についての証拠をそろえ、文書で退職届（辞表）を書いてもらう
↓	↓
後で裁判沙汰になったときに、自らの意思で辞めたことを証明できず困る	仮にトラブルになっても、対応できる

4 未払い残業代がある場合には注意する

労使双方が就業時間内の労働が基本であることを徹底すべき

◾ 労働時間の管理に注意する

労働者（従業員）の労働時間を把握・管理することは、仕事の効率化や賃金の計算などを行う上で、非常に重要です。これを怠ると、後から賃金をめぐってトラブルになる可能性があります。

特に新聞やテレビなどのニュースで取り上げられることが多い問題として「サービス残業」があります。サービス残業とは、労働者が決められた就業時間を超えて働いたにもかかわらず、会社から賃金が支払われないことを指します。

労働基準法によると、会社が時間外労働（1日8時間もしくは1週間40時間を超える労働）をさせた場合は、2割5分以上（1か月の時間外労働が60時間を超えた場合は、その超えた部分については5割以上であるが、中小企業については2023年3月まで適用が猶予される）の割増率で計算した割増賃金を支払わなければなりません。また、会社が休日労働（原則として1週1日の法定休日における労働）をさせた場合は、3割5分以上の割増率による割増賃金を支払わなければなりません。

労働者側が組合活動や訴訟などを通じて、未払いとなっている残業代をさかのぼって支払うように請求してきた場合、その金額は莫大なものになります。そのようなリスクを考えると、経営者側は「残業代は必ず支払わなければならない」と理解しておくべきでしょう。サービス残業をさせた時点では請求してこなかったとしても、労働者が退職時に請求してくる可能性があります（111ページ）。残業代不払いと言われないように、就業規則やタイムカードの管理体制などを整備し

ておくことが必要です。

■ 残業には法律で上限時間が定められている

　業務が立て込んでいて、どうしても労働者に残業してもらわなければならない場合、残業代さえ支払えば、何時間でも残業を命じることができるのでしょうか。「過労死」という言葉が示すように、過度の残業は労働者の健康を著しく害するものです。このため、労働基準法では、時間外労働や休日労働についての制限を設けています。

　経営者側が労働者に対し、時間外労働や休日労働を命じるためには、事業所ごとに過半数労働組合（過半数労働組合がない場合は労働者の過半数を代表する者）と書面による協定を締結し、所轄の労働基準監督署長に届出をしなければなりません。このことが労働基準法36条で規定されているため、「三六協定」と呼ばれています。三六協定を締結せず、あるいはその届出を怠ったまま、時間外労働や休日労働をさせることは処罰の対象となります。

　三六協定で締結しておくべき事項は、①時間外労働や休日労働をさせることができる労働者の範囲（業務の種類、労働者の数）、②対象期間（基本的には1年間）、③時間外労働や休日労働をさせることができる場合（具体的な事由）、④1日・1か月・1年の各期間について、労働時間を延長させることができる時間（限度時間）と労働させることができる休日の日数です。そして、1日当たりの限度時間は定められていませんが、原則として、1か月当たり45時間、1年当たり360時間が限度時間であると定められています（1年単位の変形労働時間制についての例外あり）。

■ 固定残業手当を導入する場合の注意点

　残業手当を固定給に含め、残業の有無にかかわらず、毎月定額を固定残業手当として支払う会社も少なくありません。このような固定額

による残業代の支払いを行う際に、就業規則や雇用契約書などにおいて、以下の３つの事項を明確にしておきます。

---

① 基本給と固定残業手当を明確に区分する
② 固定残業手当には何時間分の残業時間を含むのかを明確にする
③ 固定残業手当に含まれる残業時間を超過した場合は、別途残業手当（割増賃金）を支給する

就業規則で明確にするときは、会社の就業規則（賃金規程）を変更し、変更した内容を労働者に周知することが必要です。固定残業手当の導入には、支給の経緯や実態から見て「定額で支払われる手当＝残業代」と判断できるようにするのがポイントです。

■ 残業代の支払いが一切不要になるわけではない

固定残業手当を導入すると、一定の残業時間分の残業手当が、実際の残業時間にかかわらず支給されます。固定残業手当の導入による一般的なメリットとしては、不公平感の解消が挙げられます。同じ仕事を残業なしでこなす労働者と、残業を10時間してこなす労働者との間

■ 三六協定の締結事項と限度時間（平成30年改正による）………

締結事項

①時間外・休日労働をさせる労働者の範囲
②対象期間（起算日から１年間）
③時間外・休日労働をさせることができる具体的理由
④「１日」「１か月」「１年」における
　時間外労働の限度時間または
　休日労働の日数　など

期間	1か月	1年
限度時間	45時間	360時間

では、通常の残業手当の考え方だと不公平に感じられますが、固定残業手当では公平感があります。企業側にとっては、固定残業時間以内であれば、実際に残業が発生しても追加の人件費が発生しないため、年間の人件費のおおまかな見積りが可能なことがメリットとなります。また、固定残業手当を導入することで、給与計算の手間が大幅に削減されます。

　一方、注意しなければならないのは、前述した③の事項の通り、固定残業手当に含まれる残業時間を超過した分は、別途残業手当を支給しなければならないことです。固定残業手当は「これさえ支払えば追加の残業手当が一切不要になる」という便利なものではありません。反対に、想定した残業がなくても、余り分を「おつり」として労働者から回収することはできません。

　さらに、固定残業手当は、すべての業種・職種に適用してうまくくとも限りません。業務量の増減が予想しにくい業種では、固定残業手当を導入するよりも、実際の残業時間に対しその都度計算された残業手当を支給した方が適切な場合もあります。

　退職する労働者から、固定残業手当に含まれる残業時間を超えた部分の残業代を請求される可能性がありますので、「当社は固定残業手当を支給しているから問題ない」と捉えることはせず、日々の労働時間の管理について意識する必要があります。

■ 残業手当込みの賃金の支払い ………………………………………

基本給	固定残業手当

各月に支給する残業代込みの固定給

ただし、固定残業手当に含まれる残業時間を超えて労働させた場合には、別途割増賃金の支払いが必要

5 退職時に未払い残業代を請求されることもある

未払い残業代には遅延損害金や付加金が加算されることに注意

■ 退職時に会社に対して法的請求をしてくる

在職中は、不利益な取扱いを受けることを恐れて不払いを黙認していた労働者が、退職後に会社に対して法的請求をしてくることが十分考えられます。未払賃金の支払請求権を行使できる期間（時効期間）は、賃金支払日から2年間でしたが、令和2年施行の労働基準法改正により、同年4月1日以降の賃金支払日の分については賃金支払日から5年間（当面の間は3年間）に延長されています。

したがって、労働者に残業代を支払っていないときは、莫大な金額を請求される可能性が生じます。会社側が訴訟を提起された後に対応しようとしても、元労働者側からタイムカード、出退勤の記録、給与明細などの証拠が裁判所に提出されると、未払賃金の支払いを命じられることになるでしょう。

■ 請求される金額は残業代だけではない

訴訟を提起された場合には、まず、未払いの期間をさかのぼって合計した金額分を請求されます。前述した通り、期間は最大で2年間または3年間までさかのぼることができます。

未払賃金には遅延損害金が上乗せされることも要注意です。遅延損害金の利息は、退職者が請求する場合は、年利14.6％で計算した金額です（賃金の支払の確保等に関する法律6条1項）。在職中の労働者が請求する場合は、従来は年利6％で計算した金額でしたが、令和2年施行の民法改正に伴い、同年4月1日以降の賃金支払日の分については年利3％で計算した金額です。

さらに、未払いの残業代の部分については、2年分（令和2年4月1日以降の賃金支払日の分については3年分）の未払い額と同じ金額の付加金の支払いを、裁判所から命じられる場合があることに注意を要します（労働基準法114条）。

■ 慰謝料を請求されることもある

残業代の未払いについて労働者や元労働者が行動を起こした場合、その労働者などは、遅延損害金や付加金を含めた未払い分の金額の請求に加えて、慰謝料の支払いを請求してくることも考えられます。なぜなら、残業が長時間労働と切り離せない関係にあり、未払いの残業代を請求する状況にある労働者などは、長時間労働が原因で「心疾患を患った」「うつ病になった」といった労災に該当するような状況に至っている可能性があるからです。また、残業代を支払わないような職場は、法令遵守への意識が低く、上司によるパワハラ、セクハラなどが横行している可能性もあり、それに関する慰謝料を請求されることも考えられます。

■ 未払いの残業代があった場合の支払額（令和2年4月以降）……

賃金支払日が令和2年4月以降の分について支払うべき金額

❶ 未払い残業代 ← 過去5年（当面の間は3年）まで

＋

❷ 遅延損害金（利息）← 雇用中の労働者＝年利3％
元労働者＝年利 14.6％

＋

❸ 付加金 ← 最大で5年分（当面の間は3年分）の未払い残業代と同額の支払いを命じられる可能性あり

＋

❹ 慰謝料 ← 労災やパワハラなどのトラブルがあった場合に請求される可能性あり

6 裁判になった場合の対応について知っておこう

残業代を支払わなければならない状況にあるかどうかを吟味する

■ どのように対抗したらよいのか

残業代の未払いについて、労働者（元労働者を含みます）から労働審判の申立てを受けたり、訴訟を起こされたりした場合には、会社としては、労働者側が主張する残業時間が、本当に労働基準法上の労働時間に該当するかどうかを検討する必要があります。労働時間とは、客観的に見て、会社側の指揮命令の下にある時間のことです。就業規則などで定める就業時間外であっても、労働時間に該当すると判断される場合があることに注意を要します。

労働時間に該当していないことを裏付ける証拠があれば、それを裁判所に提出して、労働時間にあたらないことを主張します。これに対し、労働時間に該当する場合には、それが割増賃金の支払義務がある労働時間にあたるかどうかを検討します。つまり、残業代の対象となる労働時間ではないことを証明します。たとえば、労働者側が裁量労働制や事業場外のみなし労働時間制の対象者である、管理監督者に該当する、といった主張が考えられます。その他、実際に割増賃金を支払っていれば、その事実を主張することも必要です。

なお、年俸制に関しては、年俸制を導入しているから残業代の支払義務を免れるわけではない点に注意を要します。

■ どんな証拠が出されるのか

労働審判の申立てや訴訟提起が行われた場合、雇用契約（労働契約）が成立していることの証拠として、労働者側から雇用契約書や給与明細書、業務報告書などの書面が裁判所に提出されます。そして、

時間外労働手当や休日労働手当に関する取り決めがどのようになっていたかを裏付ける証拠が提出されます。具体的には、就業規則もしくは賃金規程、雇用条件が記載された書面などです。また、実際に時間外労働や休日労働を行った事実を証明するものとして、タイムカードや業務日報などが提出されます。

■会社は何を立証するのか

　会社側としても、タイムカードや就業規則、雇用契約書、労使協定の書面に記載した内容が、労働者側が主張する残業時間に該当しないことを証明できるものであれば、裁判所に提出します。

　労働者側が主張する残業時間が労働時間に該当するとしても、割増賃金の対象となる労働時間に該当しないことを証明するためには、たとえば、訴訟を起こした労働者が、裁量労働制や事業場外のみなし労働時間制の対象者である場合や、管理監督者である場合には、その事実を裏付ける証拠を用意します。また、長期間の未払い分を請求してきた場合には、請求の対象となる残業時間に対応する残業代の請求権が３年間もしくは２年間（退職金については５年間です）の時効期間（111ページ）を経過しているかどうかを確認し、経過している場合は消滅時効を援用します。

　残業時間があったことを証明する資料としては、労働者側からタイムカードや業務日報、報告書などが提出されることが多いのですが、それがない場合には、労働者が日々つけていた日記やメモ、あるいはメールの記録などが証拠として提出されることもあります。個人的な日記や手帳などは、決定的な証拠とはならないこともありますが、その日記や手帳などを会社側が作成させていた場合や、上司などが内容を確認していた場合には、証拠としての信用性が高くなります。

　そして、会社側に客観的な証拠がない場合、裁判では不利な状況になることに注意してください。たとえば、タイムカードなどの証拠を労

114

働者側がそろえているような場合に、会社側に反証できるものがない場合だけでなく、労働者側も残業時間を立証できる証拠がない場合です。このような場合、本来会社側に労働時間管理の記録義務があるため、会社にも記録がないということになると会社が不利な状況になるのです。

■ 管理監督者と認められるための条件

　会社が訴訟を起こした労働者を管理監督者として扱っていた場合、管理監督者に該当すると認められ、残業代を支払わなくてもよくなるのは、次の条件を満たした場合に限られます。

・与えられた職務内容、権限、責任が管理監督者にふさわしいもので、労務管理などについて経営者と一体の立場にあること
・勤務態様や労働時間などが会社に管理されていないこと
・管理監督者としてふさわしい待遇を受けていること

　以上の条件を満たしておらず、名称だけが管理監督者のような名称（支店長、部長、課長、店長など）になっている者は、管理監督者とは認められません。また、管理監督者に対しても深夜労働の分は支払う義務があります。

■ 不払いの残業代の訴訟で主張する事項 ……………………………

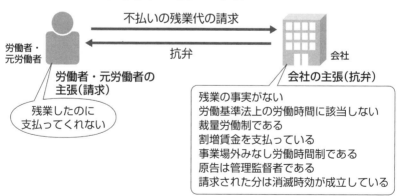

労働者・元労働者　　不払いの残業代の請求　　会社
　　　　　　　　　抗弁

労働者・元労働者の主張（請求）
残業したのに支払ってくれない

会社の主張（抗弁）
残業の事実がない
労働基準法上の労働時間に該当しない
裁量労働制である
割増賃金を支払っている
事業場外みなし労働時間制である
原告は管理監督者である
請求された分は消滅時効が成立している

7 問題社員の解雇について知っておこう

就業規則などに解雇に関する規定がなければ社員を解雇できない

■ 通常は普通解雇で対処する

　問題社員にも様々なタイプがいますが、雇用を継続するのが難しいと判断されるケースとして、次のような社員が考えられます。

・無断欠勤や遅刻が多いなど勤怠に問題がある社員
・業務命令に従わないなど勤務態度が悪い社員
・周囲の社員との協調性に欠ける社員
・新規契約を獲得できないなど勤務成績が悪い社員
・業務に必要な能力が不足している場合

　以上のケースにあてはまる社員を解雇する場合は、よほどの事情がない限り、懲戒解雇ではなく普通解雇を選択することになるでしょう。しかし、問題社員が存在しても、就業規則や雇用契約書などに解雇に関する規定を設けていなければ、その問題社員を解雇することができない点に注意を要します。解雇に関する規定がない会社で、問題社員を解雇する場合には、解雇をする前に、就業規則の変更手続きを経て解雇事由に関する規定を就業規則に盛り込むか、個々の労働者と合意して雇用契約書に解雇事由に関する規定を追加する必要があります。

　そして、就業規則や雇用契約書などの解雇事由にあたると判断しても、本当に解雇事由にあたるのかを、十分に確認するようにします。解雇に合理的な理由や社会通念上の相当性がないと無効になるからです（解雇権濫用法理）。そこで、解雇に至るまでに会社側が改善指導や教育訓練をしてきたことや、配置転換をして雇用継続の努力をしてきたことを証明できる書類などをそろえておきます。さらに、解雇の根拠となる問題社員の態度や成績、能力不足などについても、それら

が解雇せざるを得ない程度のものであることを示せるようにします。その場合、他の社員や会社の業績に対して、問題社員が悪影響を与えていることを示すという方法も有効です。

■ ときには懲戒解雇で対処することも

　問題社員を解雇する場合、通常は普通解雇としますが、懲戒解雇としたくなるような悪質な行動を起こす問題社員もいます。ただ、問題社員がどんなにひどい言動をしていたとしても、就業規則や雇用契約書などに懲戒解雇に関する規定が置かれていない場合には、その社員を懲戒解雇にはできません。会社は、就業規則や雇用契約書などに、どのようなケースが懲戒解雇となるかを明示する必要がありますが、その内容は合理的かつ社会通念上の相当性があることが必要です。

　したがって、問題社員を懲戒解雇する場合の流れとしては、懲戒解雇に関する規定があるかどうかを確認し、規定があったときには、その内容が合理的かつ社会通念上の相当性があるかどうかを確認します。合理的かつ社会通念上の相当性があると判断できる場合には、問題社

■ 懲戒処分が可能かどうかの判定 ………………………………………

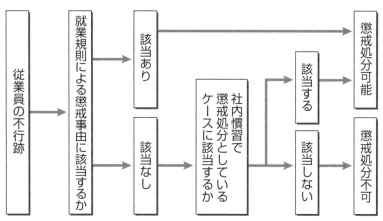

員の状況が就業規則や雇用契約書などに定めた懲戒解雇事由に該当するかどうかを判断します。そして、懲戒解雇事由に該当すると判断できるときに、はじめて問題社員を懲戒解雇とすることができます。

■ 事業縮小などのやむを得ない事情があれば整理解雇も

会社側が社員の雇用を維持できないような事情がある場合に行われる整理解雇の対象となる社員は、労務の提供をおろそかにしているとは限りません。整理解雇を行う場合には、問題社員を解雇する場合よりも厳しい要件をクリアしなければなりません。詳細は67ページ以下で解説していますが、会社が整理解雇を行う場合には、解雇回避努力義務など、解雇に至るまでにできる限りのことを尽くしていることが必要になります。

■ 問題社員の解雇を検討する際の手段と検討事項 ⋯⋯⋯⋯⋯⋯⋯⋯⋯

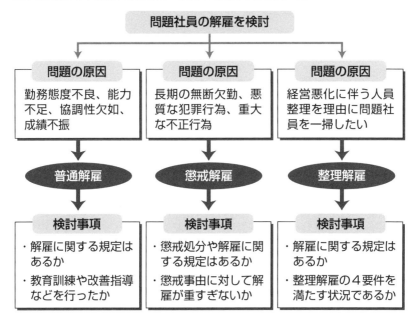

118

Q 「有給休暇を10日取得した後に退職したい」といって出社しなくなった正社員に、どうすれば引き継ぎに協力してもらうことができるでしょうか。

A 　民法627条1項により、正社員（無期雇用契約を結んでいる労働者）から解約申入れをした場合、その日から2週間の経過で退職となります。もっとも、就業規則に「退職する労働者は1か月前までに申し出をすること」といった規定が存在すれば、会社は、その規定に従うことを正社員に主張できます。しかし、民法の規定があることから、正社員から2週間後の退職を強く主張されれば、それを認めざるを得ないでしょう。

　この場合の有給休暇の消化については、労働者側が有給休暇の取得を申し出ても、会社側が「その時季に休まれると困る」と主張し、別の時季に休むように指示ができます（時季変更権）。時季変更権は、会社側の努力が実らず代わりの労働者を充当できなかった場合など、申し出の時季に休まれると業務の正常な運営を妨げる場合に行使できます。したがって、退職を申し出た正社員以外にその担当業務を行える労働者がいない場合は、時季変更権を行使できる状況にあるといえます。

　しかし、会社が時季変更権を行使できるのは退職日までに限られます。その間に有給休暇を取得されると、十分な引き継ぎを行えない可能性があります。そこで、退職日までは出勤して業務の引き継ぎを行ってもらい、消化予定の有給休暇は会社が買い取る方法もあります。しかし、正社員が買取りの申し出に応じない場合は、時季変更権を行使して有給休暇を退職日の直前10日間に変更した上で、それまでに業務の引き継ぎを行うよう説得する方法をとるしかありません。正社員がこの方法も拒否しても、就業規則の規定と時季変更権を理由に、会社側は適法な方法を示していると伝えることができます。

■ たとえばどんな場合に問題になるのか

　経営者が頭を悩ませることのひとつに、社員（労働者）が所属している労働組合からの要求に、どのように対応するかが挙げられます。対応に要する時間や労力などのことを考えると、頭の痛い問題だといえるでしょう。特に労働組合からの要求が、根拠のないうわさ話を土台にしているような場合には、誤解を解くだけで相当の時間や労力を必要とすることになります。

■ 従業員の不安をあおるような発言や行動を控える

　社員にとって非常に困るのは、突然解雇されたり、賃下げを告げられたりして、自分たちの身分や生活が脅かされることです。大多数の社員は、一か所の会社で働いて、そこから収入を得て生活していますから、解雇や賃下げがあれば、たちまち家族ともども路頭に迷うことにもなりかねません。

　このような不安感や恐怖感を感じたときに、社員が取ることのできる手段のひとつが、新たに労働組合を結成したり、既存の労働組合に加入したりして、労働組合に所属し、組合活動を活発に行うことです（組合活動の活性化）。一人の社員の発言力や行動力は、経営者側に比べて弱いですから、社員が団結することによって、自分たちの身分や生活を守ろうとするわけです。労働者が結束し、ストライキなどの強硬手段に出ると、会社の業務が立ち行かなくなってしまいますから、できることならば、そこまでこじれる前に解決しておきたいところです。

　そのために必要なことは、まず「従業員に不要な不安感や恐怖感を

抱かせない」ことです。たとえば、「そろそろ人員削減が始まるらしい」などという不確定な情報を流さないだけでも、社員は安心して仕事に専念することができます。経営上やむを得ず人員削減が必要になるケースもありますが、その情報は社員を納得させるだけの理由を提示できる状況になったときに、初めて社員に対して伝えるべきでしょう。

　社員は、人事異動、賃金改定、賞与の額など、身分や収入に関わる情報に非常に敏感です。経営者側から見ればささいな情報であっても、そこから様々な情報を総合して類推したり、情報を悪い方へと解釈したりします。さらに、そのような情報の伝達は非常に速く、あっという間に全社中に広まることもあります。

　したがって、経営者側でやるべきことは厳重な情報管理です。人事や経営などの情報に関する資料を閲覧し、経営会議などに出席する立場にある管理職の者に対し、不用意に情報を漏えいしないようにする他、それ以外の従業員に情報を伝えるときは、上司の許可を得て正確に行うよう指示することが求められます。

■ 組合活動の活性化の原因とは ……………………………………

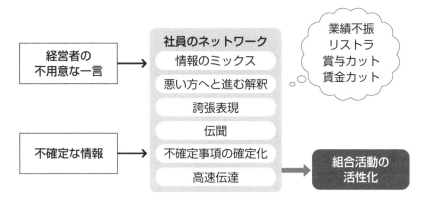

9 労働組合に団交を申し込まれたらどうすればよいのか

団交の申入れは受け入れて慎重に対応をする

■ 労働組合が団体交渉を申し入れてくる場合とは

　会社側が降格・降職、転勤・配置転換など、労働者にとって不利益になる人事権を行使した場合、たとえ納得がいかなくても、労働者が自分だけで会社に要求してくるケースは多くはありません。たいていの労働者は、社内に労働組合（企業内労働組合）がある場合には、その労働組合を通じて、社内にない場合には社外の労働組合（企業外労働組合）に加入し、その労働組合を通じて交渉してくるのが一般的です。

　たとえば、労働者に辞職をうながす目的で降格や配置転換などを行った際に、その対象となった労働者が労働組合を通じて、会社に対して取消しを求めてきます。特に労働者が社外の労働組合を通じて、会社に団交（団体交渉）の申入れをする状況になった場合、その労働者は訴訟も視野に入れ、本腰を入れて会社と争う準備ができています。

　人事権自体は会社に認められた権利です。しかし、人事権を行使する際に、嫌がらせ目的の降格や配置転換などをしたり、行き過ぎた退職勧奨をしたりすると、結果的に労働組合や労働委員会が介入するきっかけとなりますから、労働者に不利益なことをする場合は、細心の注意を払うようにしましょう。

■ どのように対処したらよいのか

　労働者が労働組合を通じて団交の申入れをしてきた場合、どのように対応すればよいのかがわからず、特に中小企業の経営者は戸惑うことが多いようです。ただ、対応方法がわからないからといって、団交の申入れに応じなかったり、誠実な態度で団交にあたらなかったりす

る（誠実交渉義務違反）ことは、原則として、労働組合法7条で禁止される不当労働行為のひとつである団交拒否に該当します。対応に不安がある場合は、団交の申入れのあった段階で、労働関係の専門家に相談するのも一つの方法ですが、団交の申入れは必ず受け入れた上で、以下の点に注意して慎重に対応してください。

まず、多人数で交渉を行わないようにします。人数が多過ぎると収拾がつかなくなるからです。相手よりも少ない人数で対応するのも、心理的に不利な立場になるので避けましょう。一対一での交渉も、客観的に話を進めていくのには適切といえません。双方2～3人ずつの人員で交渉のテーブルにつくのが基本です。

次に、交渉の場所は他の労働者への動揺を避けるため、通常の就業場所とは離れた場所で行います。会社は、団交時の労働組合側の要求を受け入れる義務までは負っていません。適切な人事権の行使である場合は、そのことを具体的に説明し、理解を求めるように誠実に対応するようにしましょう。

■ 労働組合との交渉 ……………………………………………………

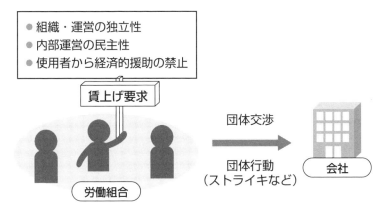

10 企業外労働組合にかけこまれたらどうすればよいのか

会社の措置の適法性を確認して団交に堂々と応じる

■ ユニオン（合同労組）とは

　ユニオン（合同労組）とは、異なる会社に勤めている労働者から構成される企業外労働組合のことです。企業内労働組合のない会社の労働者も、ユニオンに加入している場合は労働組合の組合員として活動ができます。憲法28条により、労働者には団結権・団体交渉権・争議権という労働三権が認められています。これを受けて定められた労働組合法によって、労働者は保護されています。労働組合法では、会社が労働組合や組合員に対して、団交拒否や組合活動を理由とした不利益な取扱いなど、不当な取扱いをすると不当労働行為に該当することを定めています。さらに、不当労働行為があった場合に、労働組合や組合員から労働委員会に対して救済の申立てができることも定めています。

　したがって、ユニオンが会社に対し団交の申入れをしてきた場合、団交拒否は不当労働行為に該当するので、会社は無視することができません。ユニオンからの団交の申入れであっても、そのことを理由に団交を拒否することはできません。

　たとえば、解雇した労働者がユニオンに加入して、そのユニオンが解雇撤回を求める団交の申入れをしてくることが考えられます。そして、会社前の歩道などで、ビラ配布、解雇撤回・職場復帰を求める声明文の読み上げ、他の組合員の支援といった抗議活動が行われることが予想されます。会社が下請会社や子会社である場合には、解雇した会社ではなく、その親会社や元請会社に対して団交の申入れや抗議活動を行うことも考えられます。

　原則として、団交には社長が応じる必要があります。人事権を有す

る者が対応するのであれば、社長が応じなくても問題はありませんが、人事権など決定権限のない者に対応させることは適切といえません。決定権限がない者に対応させると、収拾がつかない事態を招くからです。社長自身が団交に応じるか、決定権限を有する者に対応させるといった誠実な対応をとるようにしましょう。

■ 団交に応じる前に確認すべき事項など

　団交に応じる前に、社会保険労務士や弁護士などの専門家に相談し、団交の対象事項である労働者の解雇や賃金引下げなど、会社側の行動が法的に問題ない（適法である）ことを確認します。これに対し、法的に問題がある（違法であるもしくは違法の疑いがある）場合には、団交のテーブルにつく前に専門家のアドバイスを聞き、改めて対応を考えた方がよいでしょう。会社側の行動に問題がないことが明らかな場合、ユニオンからの主張に対して会社としてどのように回答するのか、意思を明確にして専門家に伝えておくようにします。

　そして、団交のテーブルにおいて、会社側の出席者は、臆することなく堂々と対応することが重要です。前述の通り、原則として社長自身が出席して対応した方がよいでしょう。社長本人が団交のテーブルにつくことで、ユニオン側に対する印象も悪いものではなくなり、その後の交渉をスムーズに進める効果を期待できます。

　会社側の行動に問題がない限り、相手の主張に応じる必要はありませんが、団交のテーブルにも専門家に列席してもらうようにした方が心強いといえます。また、実情を把握している社内の労務担当者も参加するようにすれば、専門家による専門的な助言に加えて実情に即したより柔軟な対応をしやすいといえます。

Q 当社の従業員が所属する社外のユニオンから、社内にロッカーを設置するよう申入れがありました。ロッカーを設置する余裕はないので断りたいのですが、どうすればよいでしょうか。

A 社外のユニオンも労働組合ですから、対応は社内の労働組合への対応と同様に考えて行えばよいでしょう。ロッカーの設置について、会社側に設置義務を課した法律の規定がないため、設置を断っても法律上は問題ありません。

　ただ、労働組合は団交（団体交渉）を申し入れる権利があり、会社側は団交に応じる義務があります。ロッカー設置の要求を受けた時点で詳しく話も聞かずに断ると、その後の交渉が長引くことが予想されます。したがって、申入れを受けた最初の段階で、ユニオンがどのような理由でロッカー設置を求めているのかを聞きます。たとえば、通勤時は私服を着用し、就業中は制服の着用を義務付けている会社で、着替えのためにロッカーが必要なのに設置していない場合は、ロッカーを設置することで職場環境が改善されるでしょう。このように、理由を聞いた上で設置した方がよい場合は、設置に向けて検討することになります。

　一方、着替えでの利用ではなく、労働組合の活動時に使用するユニオン専用のロッカーを設置したい場合など、特に設置の必要性がないと考えられるときは、設置をしない理由を説明し、理解を求めるようにします。ただし、社内に労働組合がある場合には、ロッカーの設置について、その労働組合への対応と同様にする必要があります。設置していない場合には問題ありませんが、設置している場合には、社外のユニオンに対してだけ設置しないというわけにはいかないでしょう。

Q 解雇した従業員が所属していた社外のユニオンが、要求のための団体行動として会社前でビラを配布すると通知してきましたが、会社前でのビラ配布は営業妨害とならないのでしょうか。

A ビラ配布は、ユニオンが求める解雇撤回の申入れを実現するために行われる団体行動にあたります。団体行動は無制限に認められるものではありませんが、会社の敷地内はともかく、敷地外でのビラ配布は、原則として、会社の施設管理権を侵害するとはいえません。長時間のビラ配布により、従業員や取引先などが会社への出入りを妨害されるなど、会社の秩序を乱すような状況でない限り、ビラ配布の拒否は施設管理権の濫用となりますから注意しましょう。ユニオンに対しては、事前にビラ配布をする時間帯などを問い合わせましょう。特に取引先の訪問予定の時間と重なって都合が悪い場合には、取引先の訪問時間を調整することを検討します。ただし、ユニオン側に取引先の訪問時間を告げた上で問い合わせをすることは控えるべきでしょう。

なお、ビラ配布自体は正当性が認められる行為ですが、取引先、親会社、社長の自宅など、会社前以外の場所でのビラ配布は、組合活動としての正当性が認められない余地が生じます。たとえば、会社側が団交に誠実に対応しているにもかかわらず、ユニオン側が社長の自宅付近でビラ配布をしているような場合には、ユニオンがビラを配布する行為に組合活動としての正当性は認められないと考えられます。しかし、会社側がユニオンとの交渉を決定権限のほとんどない従業員に任せきりで、誠実な交渉をしているとはいえない場合には、社長が対応しないために行われた社長の自宅付近でのビラ配布は、正当性のある組合活動として認められる余地があります。

労働基準監督署にかけこまれたらどうすればよいのか

早期決着のために書面をそろえて迅速かつ誠実に対応する

労働基準監督署＝労働者の味方というわけではない

　労働基準監督署は、あくまでも会社に労働基準法を遵守させるために設置された機関であって、必ずしも労働者の味方というわけではありません。労働基準監督署が実際に対応できる案件（労働基準監督署が調査権限を行使できる事項）は、主として労働基準法や労働安全衛生法の規定に違反している可能性があるものに限られます。

　たとえば、労働契約法16条は、合理性や社会通念上の相当性のない解雇が無効であること（解雇権の濫用）を規定していますが、労働者が労働基準監督署で「自分が解雇された理由に合理性がない」と相談しても、労働基準監督署は、これを根拠に会社に対して調査権限を及ぼすことができません。しかし、解雇予告または解雇予告手当の支払いは労働基準法が規定しているため、労働者の解雇に際して、この規定に従っていない場合には、労働基準監督署の調査権限が及びます。

　このように、労働者が会社側から不利益を受けても、そのすべてに対して労働基準監督署の調査権限が及ぶわけではありません。

どんな場合に労働基準監督署が調査してくるのか

　労働基準監督署が実際に調査（介入）してくるケースは、主として労働基準法や労働安全衛生法への違反の疑いがあると判断した場合です。前述の通り、労働者を解雇した場合であっても、解雇に関するすべての事項に介入してくるわけではありません。解雇の合理性や社会通念上の相当性など、労働契約法が規定する解雇の問題については、労働基準監督署は介入できません（労働相談として対応します）。し

かし、解雇予告や解雇予告手当の支払いなど、労働基準法が規定する解雇の問題については、労働基準監督署が介入してきます。

　本書を読んでいる経営者や管理者の方が、退職勧奨をせずに労働者を直ちに解雇するケースはないかもしれません。しかし、1か月後から繁忙期を迎えることがわかっている会社で、正社員が「2週間後に退職する」と申し入れてきた場合はどうでしょうか。会社としては、繁忙期に退職する正社員の分の業務を担当してくれる他の労働者を確保しなければなりません。この場合、繁忙期には退職することがわかっている以上、その正社員には即日退職してもらい、他の労働者の確保へと動きたいと考えても不思議はないでしょう。

　しかし、これを実行すると、労働基準法に違反する可能性があります。つまり、2週間後に退職すると申し入れた正社員に「即日辞めてくれ」と告げて、その日までの給料のみを支払って退職させた場合です。これを正社員との合意なく強制的に行うと「解雇」となって、解雇予告手当を支払わずに即日解雇したことを理由に労働基準法違反に該当し、労働基準監督署が介入する原因となります。

　なお、経営難などで賃金カットを行う場合も注意が必要です。たとえば、賃金の支払基準などを定めた就業規則（賃金規程）を変更することなく、一方的に賃金カットを実行すると、賃金の全額を支払っていないことになって、労働基準法が規定する賃金全額払いの原則に違反しますから、労働基準監督署の介入が避けられないでしょう。

■ 肝心なのは法律違反をしていないこと

　前述した正社員が2週間後の退職を申し出たケースで、申出日よりも前に会社を辞めてもらいたいときは、そのことについて合意を得る必要があります。退職日について合意を得られない場合には、申し出のあった通り、2週間後まで勤務してもらうのが無難です。その正社員に退職日まで会社に来てもらいたくない場合には、残った有給休暇

を消化してもらうのも一つの方法です。その他、休業手当を支払って退職日まで休んでもらう方法をとってもよいでしょう。

また、賃金カットを行う場合も、労働基準法が規定する手続きを経て就業規則（賃金規程）を変更するか、対象となる労働者と賃金カットについて合意していれば、賃金の全額を支払ったことになるため、労働基準法には違反しません。なお、労働契約法10条により、就業規則などの変更による一方的な賃金カットは、それが合理的なものでないと無効となることに注意を要します。

労働者を解雇したり、労働者の労働条件を不利益に変更せざるを得ない事態が生じたりする場合には、主として労働基準法に違反しないように注意して行えば、労働基準監督署の介入を受けることはありません。介入を受けたとしても、それは労働基準監督署が違反している疑いがあると見ているだけで、実際に違反しているかどうかを探っている段階ですから、違法なことを行っていないこと、適法な対応をしてきたことの示す書類を提示し、冷静に説明するようにしましょう。

■ 労働基準監督署の調査手法

労働基準監督署が行う調査の手法には、主として「呼び出し調査」「臨検監督」の2つがあります。

呼び出し調査とは、事業所の代表者を労働基準監督署に呼び出して行う調査です。会社宛に日時と場所を指定した通知書が送付されると、会社の担当者は、労働者名簿や就業規則、出勤簿（タイムカードなど）、賃金台帳、健康診断結果票など、指定された資料を持参の上、調査を受けます。

臨検監督とは、労働基準監督署が事業所へ出向いて立入調査を行うことで、事前に調査日時を記した通知が送付されることもあれば、長時間労働の実態を把握するために、夜間に突然訪れることもあります。また、調査が行われる理由の主なものとして「定期監督」「申告監督」

があります。

　定期監督とは、調査を行う労働基準監督署が管内の事業所の状況を検討した上で、一定の方針に基づき、対象となる事業所を選定して定期的に実施される調査のことです。

　申告監督とは、労働者の申告を受けて行う監督です。労働基準監督署の役割が認知されるようになったためか、以前は泣き寝入りしていたような事案でも、労働者が労働基準監督署に通報するケースが増えています。労働基準監督署はそういった情報を基に、対象事業所を決定して調査に入ります。調査に入り、労働基準法などへの違反が発見されると、是正勧告が行われます。その後、是正勧告に従っているのかを確認するため、再監督が行われることになります。

■ 是正勧告に応じないとどうなる

　労働者から相談を受けた労働基準監督署が、会社の行為について労働基準法に違反している疑いがあると判断すると、会社に対して労働基準監督署に出向くように連絡してきます（呼び出し調査）。あるいは、労働基準監督署が会社を訪問する旨を伝えてくることもあります（臨検監督）。

　いずれの場合も、会社としては、関連する書類を提出することになります。調査（呼び出し調査・臨検監督）に応じないでいると、事業所を強制捜査される場合がありますから、必ず調査には応じるようにしましょう。調査の際に提出する書類は、労働者名簿、賃金台帳、就業規則、出勤簿などです。労働基準監督署は、提出された書類をもとに事実関係を調査します。事実関係について説明をする時には、事前に準備しておいた書類を元にして、明確かつ冷静に説明するようにします。

　調査を受ける日時が事前にわかっているときは、労働関係の専門家に相談しておくと無難でしょう。会社側の対応に問題があるのか、事

前に専門家に確認しておいた方が、当日の調査に自信をもって臨むことができます。労働基準法に違反したかもしれないと考えている場合や、確実に違反していることがわかっている場合には、事前に労働関係の専門家に相談すべきです。相談したからといって違反事実を消すことはできませんが、労働基準監督署の調査を受ける際に同席してもらい、早めに解決できるように対処してもらうことは可能です。その際、今後同じことを行わないようにするためにも、どのような点に問題があったのか、どのように対応すれば違反とならないのか、といったことを聞いておくと、将来的に同じような状況が生じても、適法な方法で対応することができるでしょう。

　調査を終えた労働基準監督署が悪質なケースだと判断した場合や、

■ 労働基準監督署が介入するケースと介入できないケース ………

労働基準監督署が介入できないケース（労働相談として対応）		
セクハラを何とかしてほしい	**労働基準監督署が介入するケース**	契約が更新されなかった
	予告手当を支給せずに即日解雇	
解雇権の濫用があった	就業規則（賃金規程）を変更せずに賃金をカット	職場でいじめにあっている
	残業代の不払い	
正当な理由がないのに契約更新時に給料を下げられた	産前産後の休業中の解雇	懲戒処分を受けたがその理由が事実とは異なる
	賃金支給日になっても賃金を支払わない	
	有給休暇が申請されたが欠勤として扱い賃金を減額	地方に左遷された
	労使協定を結ばずに法定労働時間を超える残業を強制	出向命令を取り消してほしい
	法定の割増賃金の不払い	

是正勧告に従わない場合には、会社や経営者などを送検（事件を管轄の検察庁に送ること）するケースもあります。送検されると、検察官の判断によって起訴され、刑事裁判の審理を経て労働基準法が規定する罰金刑や懲役刑に処せられることがあります。つまり、調査を拒否したり是正勧告に従わないままでいたりすると、最悪の場合は刑が確定した犯罪者となる可能性が否定できません。特に送検されると報道なども盛んに行われ、業績を上げるどころの話ではなくなります。したがって、労働基準監督署から連絡が入った場合には、迅速かつ誠実な対応を心がけるようにしましょう。対応に不慣れな場合には、費用を惜しまず専門家に相談した方が、結果的には時間の面でも費用の面でも負担を最小限に抑えることができます。

■ **労働基準監督署への相談から是正勧告に至るまでの流れ** ………

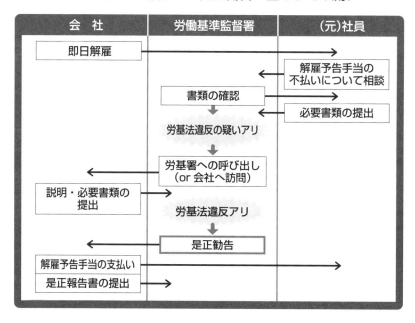

Column

解雇をする際の金銭的解決制度

　日本では、労働者を解雇することは非常に時間がかかり難しいことです。そこで、解雇をする際の金銭的解決制度の立法化に向けて「透明かつ公正な労働紛争解決システム等の在り方に関する検討会」が開催され、平成29年5月に報告書がまとめられました。しかし、長期雇用や総合職制度を前提とした日本の雇用風土の中で、お金を払えば解雇ができるという風潮の広がりを意識するあまり、立法化までには至っていません。

　解雇などの個別労働関係紛争は、都道府県労働局や地方自治体などの行政を主体として行われる制度と司法（裁判）による制度があります。前者の行政による制度では、取扱件数も多く期間も短い反面、解決金額の水準が低いことが挙げられます。一方、司法による制度の場合には、個別的に判断され、解決金などのデータが公表されず、労働者にとって結果を予見することが難しいと考えられています。また、裁判などによって、解雇が無効と判断されても、実際に会社に在籍し続けるケースは少ないといえます。

　そこで和解や調停で解決（解決のために金銭を支払う）するのではなく、金銭を支払って解雇を認めるという制度が金銭的解決制度の趣旨です。解決金の基準や解決期間などを定めることができれば、労働者や会社にとって金銭や時間の見通しが立てやすくなります。しかし、会社にとっては、金銭を支払うことと、雇用し続けることのバランスを見て、雇用し続けるコストがかかるのであれば解雇を選択するでしょう。そうすると、お金を払えば解雇できるとする考え方も生まれてしまいます。そのため、会社側からの申し出には要件をつけて制限する必要があります。

　金銭的解決制度は、原則、労働者が申立てをすることを前提にした制度作りが進められていくのではないでしょうか。

第5章

事業者が知っておきたい雇用保険のしくみ

① 退職しやすい環境づくりをする

相談に乗れるように退職後の手続きを把握しておく

■ 失業給付についての説明はしっかりと

　いきなり退職するように言われても、たいていの社員は驚いてしまって、すぐには退職をする方向で考えることができません。特に金銭的な不安はかなり大きいものです。退職した後、どうやって生活を維持していけばよいのかという不安から、すぐには退職に応じない社員がほとんどでしょう。

　社員の生活状況によって度合いは異なってきますが、とにかく「会社を辞めたら生活に困ってしまう」と思う人がほとんどです。社員の不安を少しでも取り除くために、まずは退職した場合に受け取ることができる失業給付について、丁寧に説明するようにしましょう。「会社を辞めることに応じていない社員に対して、失業給付の話などしにくい」と思うかもしれませんが、退職が現実味のある話であることを体感してもらうためにも、きちんと説明する必要があります。もちろん、退職後の生活を不安に思う気持ちを軽減するためでもあります。

　失業給付について説明する際には、その社員が退職勧奨に応じて辞める場合には「会社都合（事業主都合）」として扱われることを伝えます。会社都合で退職した人は、雇用保険上の特定受給資格者として扱われます。特定受給資格者は、自己都合で辞めた人とは異なって、7日間の待期（待期期間）を経過すると、すぐに失業給付を受けることができます。受給期間も自己都合で辞めた人より長くなります。こうした事実を伝えれば、社員も当面の生活の心配はしなくてよいことがわかり、漠然とした不安を抱えたままで過ごすよりも、再就職に関する具体的な計画が立てやすくなります。

なお、会社都合で社員を退職させた場合、会社側には、厚生労働省が管轄する雇用関連の助成金の一部について受けることができなくなるなどの不利益が生じます。こうした不利益を受けるのを避けるために、退職勧奨を行ったにもかかわらず、離職票の離職理由欄に「自己都合」と記載する会社もあるようです。

　しかし、このように事実と異なる記載をすると、後に問題となりますから絶対に行ってはいけません。会社側と離職者側との間で離職理由が食い違う場合、公共職業安定所（ハローワーク）がどちらか一方の主張のみに耳を傾けることはありません。必ず双方の主張を把握して事実を確認できる資料に基づいて確認を行った上で、どちらの主張が適切であるかを慎重に判断しています。

■ 退職後の諸手続きについてもフォローする

　たいていの社員は、会社を退職した場合、自分の社会保険や年金、税金に関して様々な手続きが必要である、という実感を持っていません。転職歴のある社員であれば、ある程度の想像がついている場合もあります。しかし、たいていの社員は、入社時に多少の手続きに関与しただけで、会社を退職した後にこうした項目に関する手続きをどうすればよいかを明確に把握している人は少ないでしょう。

　会社としては、社員が退職した後の社会保険や年金、税金に関する手続きまで説明するのは面倒かもしれませんが、手続きをスムーズに進めるためにも、退職する社員本人が行わなければならないことを説明するようにしましょう。

　たとえば、退職者が厚生年金に加入していた場合、年金の切り替え手続きをする必要があります。それまで扶養していた配偶者などがいる社員の場合には、その配偶者の分の手続きも必要となるので、社員の状況にあわせて細かく説明する必要があります。また、健康保険については、２か月以上会社に在籍していた社員が退職する場合、すぐ

に次の会社に勤務する場合は別として、退職後に国民健康保険に加入するか、それとも在籍中に加入していた健康保険にそのまま加入し続けるか（任意継続被保険者）、いずれかを選ぶことができることも説明しておくとよいでしょう。

　また、それまでは賃金から天引きされていた税金を、退職者自身で納付しなければならないことも忘れずに説明しておきましょう。特に住民税については、所得税とは異なり、前年度（前年1月1日から12月31日）の所得をもとに税額を決定し、6月から翌年5月にかけて毎月給与から天引きされる点に注意が必要です。退職して無収入となったからといって、それに連動して退職した年度の住民税の税額が下がるわけではないことを、あらかじめ伝えておくようにしましょう。なお、1月以降に退職する場合には、住民税の最終支払月（5月）までの住民税を最後の給与支払から一括して天引きすることになり、手取りが少なくなることもあるので事前に説明をするようにしましょう。

■ 就職支援などできることがないか考えておく

　会社側が誠意をもって社員の再就職活動を支援する姿勢を見せると、社員の不安や不満が軽減されます。有給休暇を消化できるようにするのも、社員の再就職の支援として非常に有効です。しかし、それ以外にも、様々な方法で社員の再就職活動を支援することは可能です。

　まず、再就職活動の支援方法によっては、労働移動支援助成金（235ページ）の再就職支援コースの申請が可能ですから、一時的な費用を負担できる場合には、民間の職業紹介事業者に退職予定者の再就職支援を委託したり、特別の有給休暇を与えたりする方法も検討する余地があります。前述した助成金は、離職する労働者の再就職支援を職業紹介事業者に委託して再就職を実現させた場合や、離職が決定している労働者に求職活動のための休暇を与えた場合などに、会社へ支給されるものです。

ただ、再就職支援の目的は、あくまでも「対象者が会社を退職する決心がつくよう後押しをするため」です。あまりに費用がかかる場合や、手間がかかる場合は、それ以外の方法を検討すべきです。

　なお、経営難のために古くから会社に貢献している年齢の高い社員に退職してもらわなければならない場合には、経営者自らの人脈を頼りに、同業他社や取引先などに声をかけて、雇用してくれるところがないか探すといった誠意は見せるべきです。こうした努力もせずに簡単に社員を退職させると、「長年尽くしてくれた社員を簡単に切り捨てる会社だ」という風評が立たないとも限りません。経営者であれば、会社を継続させるために、人員削減をする覚悟と冷静さも必要です。しかし、それと共に会社の評判が悪くなる言動は行わないという慎重さも必要です。

■ 社員の退職の際に必要になる会社が行う手続き ……………………

雇用保険	退職前	・雇用保険被保険者証を退職者に返却する ・失業等給付を受給する手続きと、求職の申込みの手続きについての説明をする
	退職後	・退職者に離職票を交付する
健康保険	退職前	・退職者から健康保険証を返却してもらう
	退職後	・退職者が任意継続被保険者になる場合には、その旨の手続きを行う
年金	退職前	・年金手帳を預かっている場合には、退職者に返還する ・年金の切替え手続きについてアドバイスをする
	退職後	・年金事務所への厚生年金の資格喪失届の提出
税金	退職前	・源泉徴収票の作成
	退職後	・退職所得の受給に関する申告書の受取り

2 雇用保険とはどんな制度なのか

失業した場合などに一定の給付がある

■ 失業等給付には4種類ある

雇用保険の給付（失業等給付）は、大きく分けて以下の4種類の給付があります。雇用保険の給付は、失業に限らず幅広い給付があることに特徴があります。

① 求職者給付

求職者給付は、被保険者が離職して失業状態にある場合に、失業者の生活の安定と求職活動を容易にすることを目的として支給される給付です。失業者が離職票などを持って公共職業安定所（ハローワーク）に行き、必要な手続をすることで支給されます。雇用保険の中心的な給付になります。

② 就職促進給付

失業者が再就職するのを援助、促進することを主な目的とする給付です。求職者給付は失業中に支給されるので、求職者にとっては就職に対する意欲が低くなりがちです。そこで、就職促進給付は早い段階で再就職を行うと支給されるボーナス的な給付です。また、就職に際しての引越し代などの給付もあります。

③ 雇用継続給付

働く人の職業生活の円滑な継続を援助、促進することを目的とする給付です。高年齢者、育児・介護休業中の所得補てんを行う給付があります。なお、育児休業中の給付は、給付総額が大きくなってきたため、失業等給付から外れ、新しい給付として位置付けられる予定です。

④ 教育訓練給付

働く人の主体的な能力開発の取組を支援し、雇用の安定と能力開

発・向上を目的とする給付です。

■ 1人でも人を雇ったら雇用保険の適用事業所となる

事業所で労働者を1人でも雇った場合、原則として、雇用保険に加入しなければなりません。このように強制的に雇用保険への加入義務が生じる事業所を強制適用事業所といいます。雇用保険は事業所ごとに適用されるため、本店と支店などは個別に適用事業所となります。

個人事業の場合、例外的に強制的に適用事業所にならない事業所もあります。これを暫定任意適用事業といいます。暫定任意適用事業となるのは、個人経営で常時5人未満の労働者を雇用する農林・畜産・養蚕・水産の事業です。暫定任意適用事業は、事業主が申請して厚生労働大臣の認可があったときに適用事業所となることができます。

■ 雇用保険の給付の概要 ……………………………………………

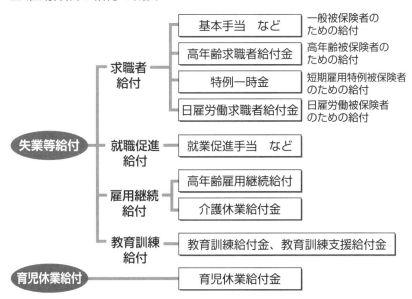

■ 雇用保険の被保険者には４種類ある

　雇用保険の制度に加入することになる者（労働者）を被保険者といいます。次の４種類（種別）に分けられます。

① 一般被保険者

　次の②〜④までの被保険者以外の被保険者で、ほとんどの被保険者がこれに該当します。一般被保険者とは、１週間の所定労働時間が20時間以上で、31日以上雇用される見込みのある者のことです。フリーターやパートタイム労働者も、この要件を満たせば雇用保険の被保険者になります。

② 高年齢被保険者

　同一の事業主の適用事業に、65歳前から65歳以降も引き続き雇用されている者や、65歳以降に新たに雇用された者が該当します。ただ、③と④に該当する者は除きます。

③ 短期雇用特例被保険者

　冬季限定の清酒の醸造や夏季の海水浴場での業務など、その季節でなければ行えない業務のことを季節的業務といいます。季節的業務に雇用される者のうち、雇用期間が４か月以内の者及び週の労働時間が30時間未満の者を除いた者が短期雇用特例被保険者として扱われます。

　ただし、④に該当する者は除きます。また、短期雇用特例被保険者が同一の事業主に１年以上引き続いて雇用された場合は、１年経ったときから短期雇用特例被保険者から一般被保険者に切り替わります。

④ 日雇労働被保険者

　雇用保険の被保険者である日雇労働者のことです。日雇労働者とは、日々雇い入れられる者や30日以内の短い期間を定めて雇用される者のことです。

　この他、上記の４種別以外にも、令和４年１月１日から65歳以上の複数就業者の雇用保険加入も認められます。たとえば、２つの事業所でそれぞれ週５時間以上20時間未満で、雇用保険の被保険者ではない

者が２つの事業所を通算すると週20時間以上となる場合には申し出により加入が認められます。

■ 適用除外となる労働者は６種類に区分される

　雇用保険の適用事業所に雇用された労働者であっても、雇用保険の被保険者にならない者もいます（適用除外）。たとえば、以下の①〜⑥に挙げる労働者は、雇用保険の適用対象から除外されます。

①　一週間の所定労働時間が20時間未満である者

　日雇労働被保険者に該当しない限り、被保険者にはなりません。

②　同一の事業主に31日以上継続して雇用される見込みがない者

　雇用期間が30日以下の者は、日雇労働被保険者に該当しない限り、被保険者にはなりません。

③　季節的事業に雇用される者のうち、労働期間・時間が短い者

　季節的に雇用される労働者は短期雇用特例被保険者の対象になりますが、雇用期間が４か月以内の者または週の労働時間が30時間未満の者は雇用保険の被保険者にはなりません。

④　学校教育法の学校の学生または生徒

　ただし、学生や生徒であっても、休学中、定時制で夜間の学校に通っている場合は、雇用保険の被保険者となります。

⑤　国家公務員や地方公務員など

　国家公務員や地方公務員などは他の法令の規定により、雇用保険よりも充実した給付を受けることができます。このため、雇用保険の被保険者から除外されています。

⑥　船員で、一定の漁船に乗り組むため雇用される者

　ただし、１年以上雇用される場合は、被保険者となります。

基本手当の受給要件と受給額はどうなっているのか知っておこう

人によってもらえる額が違う

■ 基本手当をもらうのに必要なことは何か

　求職者給付のうち、中心となるのは一般被保険者に対する基本手当です。基本手当をもらうためには、①離職によって、雇用保険の被保険者資格の喪失が確認されていること、②現に失業していること、③離職日以前の２年間に通算して12か月以上の被保険者期間があること、の３つが要件になります。

　ただし、③の要件については、離職の原因が倒産・解雇・セクハラによる離職といった点にある場合には、離職日以前の１年間に通算して６か月以上の被保険者期間があるかどうかで判断します。

　被保険者期間とは、各月の賃金支払基礎日数（基本給の支払の対象となっている日数のことで、有給休暇や休業手当の対象となった日数も含まれる）が11日以上の月を１か月とします。なお、各月ごとに区切った結果、端数が生じた場合、その期間が15日以上であり、賃金支払基礎日数が11日以上であれば、２分の１か月としてカウントします。

　また、令和２年８月以降は、「賃金の支払の基礎となった時間が80時間以上」ある月についても被保険者期間として数えます。これは、所定労働時間が週20時間で働く場合であっても月11日以上とならない場合（週平均20時間以上であっても曜日の関係で月10日となるケース）に配慮し改正されました。

■ 年齢や離職前６か月の賃金で給付額が決まる

　失業等給付は、人によって「もらえる額」が違います。

　一般被保険者の受ける基本手当は、離職前６か月間に支払われた賃

金に基づきます。失業している1日当たりにつき賃金日額をもとにして計算した基本手当日額、だいたい離職前の賃金（賞与を除く）の平均と比べて50％〜80％（60歳以上65歳未満の人への給付率は45％〜80％）の金額が支給されます。賃金日額の低い人ほど給付率を高くするなど賃金格差の影響を抑えるように工夫されています。

基本手当の日額＝賃金日額×賃金日額に応じた給付率
（原則50〜80％）

ここでいう賃金日額とは、原則として離職前6か月の間に支払われた賃金の1日当たりの金額で、退職前6か月間の給与の総額÷180日で計算されます。時給や日給、出来高払いによる賃金でもらっていた場合は、別に最低保障の計算を行います。

次に、賃金日額には下限額と年齢に応じた上限額が設定されています。下限額を下回ったり上限額が上回る場合には、下限額か上限額が賃金日額となります。そして、基本手当の日額は、賃金日額に50％〜80％の給付率を掛けて計算します。給付率は、年齢と賃金日額によって異なります。

■ 所定給付日数はケース・バイ・ケース

失業者に支給される求職者給付（基本手当）はどのくらいなのか確認しておきましょう。給付日数は離職理由、被保険者であった期間、労働者の年齢によって決定されます。

■ 基本手当日額の計算式 ……………………………………

$$\boxed{\text{賃金日額の原則}} = \frac{\boxed{\text{6か月間に支払われた賃金総額}}}{180日}$$

$$\boxed{\text{基本手当日額}} = \boxed{\text{賃金日額}} \times \boxed{\text{給付率}}$$

次ページの図の一般受給資格者とは、自己の意思で退職した者のことです。また、特定受給資格者とは、事業の倒産、縮小、廃止などによって離職した者、解雇など（自己の責めに帰すべき重大な理由によるものを除く）により離職した者その他の厚生労働省令で定める理由により離職した者のことです。就職困難者とは、次のいずれかに該当する者のことです。

① 　身体障害者
② 　知的障害者、精神障害者
③ 　刑法などの規定により保護観察に付された者
④ 　社会的事情により就職が著しく阻害されている者（精神障害回復者など）

　基本手当の所定給付日数は、失業理由が自己都合か会社都合かによって変わってきます。自己都合で辞めた人より倒産・解雇などが原因で離職した人の方が保護の必要性が高いので、給付日数も多めに設定されています。一般受給資格者は離職時等の年齢に関係なく、被保険者であった期間に応じて、90日から150日の給付日数となります。

　一方、特定受給資格者や特定理由離職者と認定された場合、退職時の年齢と被保険者期間に応じて、90日〜330日の給付が受けられます。なお、特定理由離職者とは、①労働契約の更新を希望したにもかかわらず、期間の定めのある労働契約の期間が満了し更新されなかった者、②体力の衰えなど正当な理由のある自己都合退職者が該当します。前者の①にあてはまる者が、90〜330日の給付を受けることができます。

■ 受給期間（受給期限）を過ぎると給付が受けられなくなる

　求職者給付には受給期間（または受給期限）があります。この期間を過ぎてしまうと、たとえ所定給付日数が残っていても、求職者給付の支給を受けられなくなります。基本手当の場合、離職の日の翌日から1年間に限り受給することができます。この期間を受給期間といい

ます。ただし、所定給付日数330日の者は離職の日の翌日から１年と30日、360日の者は離職の日の翌日から１年と60日がそれぞれ受給期間となります。

■ 基本手当の受給日数 ・・

● 一般受給資格者の給付日数

離職時等の年齢 ＼ 被保険者であった期間	1年未満	1年以上5年未満	5年以上10年未満	10年以上20年未満	20年以上
全 年 齢 共 通	－	90日		120日	150日

● 特定受給資格者および特定理由離職者の給付日数

離職時等の年齢 ＼ 被保険者であった期間	1年未満	1年以上5年未満	5年以上10年未満	10年以上20年未満	20年以上
30歳未満	90日	90日	120日	180日	－
30歳以上35歳未満		120日	180日	210日	240日
35歳以上45歳未満		150日		240日	270日
45歳以上60歳未満		180日	240日	270日	330日
60歳以上65歳未満		150日	180日	210日	240日

● 特定受給資格者が障害者などの就職困難者である場合

離職時等の年齢 ＼ 被保険者であった期間	1年未満	1年以上
45歳未満	150日	300日
45歳以上65歳未満		360日

■ どんな場合に基本手当の給付日数が延長されるのか

基本手当の支給は、離職時の年齢、離職理由、被保険者期間、就職困難者か否かにより給付日数の上限が設けられています。しかし、社会情勢、地域性あるいは求職者本人の問題により、なかなか就職することができず、所定の給付日数だけでは保護が足りないこともあります。このような場合、所定給付日数を延長して、基本手当が支給されます。これを延長給付といいます。

延長給付には、①訓練延長給付、②広域延長給付、③全国延長給付、④個別延長給付があります。

■ 延長手続きをすれば支給を先送りできる

雇用保険の失業等給付は、働く意思と働ける状況にある者に支給される給付です。そのため、出産や病気などにより働けない者には支給されません。そこで、出産や病気など一定の理由で30日以上働けない場合、最大で３年間失業等給付の支給を先送りすることができます。これを受給期間の延長といいます。

原則の受給期間は１年ですので、受給期間を延長できる事由に該当したにもかかわらず、必要な手続をしなかった場合（支給を先送りしなかった場合）、失業等給付がもらえなくなることもあります。

受給期間を延長できる理由は、以下のとおりです。

① 妊娠および出産
② 病気や負傷
③ 育児
④ 親族の看護（６親等以内の血族、配偶者、３親等以内の姻族の看護に限る）
⑤ 事業主の命令による配偶者の海外勤務に同行
⑥ 青年海外協力隊など公的機関が行う海外技術指導による海外派遣（派遣前の訓練・研修を含む）

これらの理由によって、すぐに職業に就くことができない場合は、本来の受給期間に加えて、その理由により就業できない日数が加算されます。たとえば、出産・育児により1年6か月働くことができない場合、本来の受給期間である1年に1年6か月を加えた2年6か月間まで基本手当の受給期間が延長されます（受給期間の最長は4年）。

　なお、所定給付日数が330日、360日の延長できる期間は、それぞれ、3年から30日もしくは60日を引いた期間となります。延長の申し出は、働くことができない期間が30日を経過した日の翌日から延長後の受給期間の最後の日までの間にハローワークへ行います。

■ 60歳以上の定年による離職の場合も延長できる

　基本手当の受給期間は原則、離職の日の翌日から1年間となります。上記の理由以外にも、60歳以上の定年に達したことによっても受給期間を延長することが可能です。定年後にいったん仕事から離れて、旅行や家族のために時間を使いたいという離職者のための例外規定です。

　申し出により、最大で1年間延長することが可能です。つまり、8か月延長の申し出を行えば、受給期間は1年8か月になるということです。延長の申し出は、離職日の翌日から2か月以内に行う必要があります。

■ 受給期間の延長 ・・

| 原則の受給期間 | 離職の日の翌日から1年 |

＋

| 就業できない期間 | 妊娠、出産、育児などの理由で
30日以上就業できない期間（最大3年間） |

↓

最長4年まで受給期間を延長可能

特定受給資格者とはどのような者をいうのでしょうか。

A 特定受給資格者とは、たとえば勤務先の倒産や解雇などによって、再就職先を探す時間も与えられないまま離職を余儀なくされた者のことです。自己都合で退職した人と区別して、倒産などによる離職者を手厚く保護することを目的とした制度です。特定受給資格者に該当する一般被保険者であった人は、自己都合退職などの自発的離職者のような1～3か月間の基本手当の支給制限期間がないことや、基本手当の所定給付日数が長く設けられています。特定受給資格者であるかどうかは、具体的には、次ページの図のように定められています。ハローワークではこの基準に基づいて受給資格を決定しています。

また、①会社の意思により労働契約が更新されなかった有期契約労働者や、②一定のやむを得ない事情による自己都合退職者で、離職日以前の1年間に通算して6か月以上の被保険者期間がある者については、特定受給資格者に該当しない場合であっても、特定理由離職者（上記①に限る）として特定受給資格者と同様の所定給付日数の給付を受けることができます。

●**こんな場合の退職は特定受給資格者として扱われる**

特定受給資格者にあたるかどうかについてはハローワークが個別に判断する場合もあります。

たとえば、会社都合で、入社した時に取り決めをした賃金が支払われなかったために退職したような場合です。この場合、就職後1年以内に退職した場合は特定受給資格者と認められますが、1年を経過した時点では、採用時のことを理由に退職したとは認められないとされています。また、毎月、所定労働時間を超えた時間外労働が多すぎたため退職したような場合も該当します。

「解雇」等による離職の場合	①解雇により離職（自己の責めに帰すべき重大な理由によるものを除く） ②労働条件が事実と著しく相違したことにより離職 ③賃金の額の３分の１を超える額が支払期日までに支払われなかったこと ④賃金が、85％未満に低下したため離職 ⑤法に定める基準を超える時間外労働が行われたため、または事業主が行政機関から指摘されたにもかかわらず、危険もしくは健康障害を防止するために必要な措置を講じなかったため離職 ⑥法令に違反し妊娠中、出産後の労働者、家族の介護を行う労働者などを就業させた場合、育児休業制度などの利用を不当に制限した場合、妊娠・出産したこと、それらの制度を利用したことを理由として不利益な取扱いをした場合により離職 ⑦職種転換等に際して、労働者の職業生活の継続のために必要な配慮を行っていないため離職 ⑧期間の定めのある労働契約の更新により３年以上引き続き雇用されるに至った場合に更新されないこととなったことにより離職 ⑨期間の定めのある労働契約の締結に際し更新されることが明示された場合において契約が更新されないこととなったことにより離職 ⑩上司、同僚からの故意の排斥または著しい冷遇もしくは嫌がらせを受けたことによって離職 ⑪事業主から退職するよう勧奨を受けたことにより離職 ⑫使用者の責めに帰すべき事由により行われた休業が引き続き３か月以上となったことにより離職 ⑬事業所の業務が法令に違反したため離職
「倒産」等による離職の場合	①倒産に伴い離職 ②１か月に30人以上の離職の届出がされた離職および被保険者の３分の１を超える者が離職した離職 ③事業所の廃止に伴い離職 ④事業所の移転により、通勤することが困難となったため離職

④ 雇用保険の受給手続きについて知っておこう

待期期間の経過後に雇用保険の給付を受けることができる

■ 被保険者証は必ず必要になる

退職時に会社から渡す「雇用保険被保険者証」は、雇用保険に加入していたことを証明するものです。これは、入社時に会社がハローワークで被保険者としての資格の取得手続を行った際に発行されます。

勤め先が変わっても、一度振り出された被保険者番号は、変わりません。再就職先にこの被保険者証を提出し、新たな被保険者証を作成して、記録を引き継ぐことになります。失業等給付を受けるのに必要ですので、大切に保管しましょう。

失業等給付をもらう手続は、退職者の住所地を管轄するハローワークに出向いて退職時に会社から受け取った離職票を提出し、求職の申込みをすることからはじまります。その際に、離職票と雇用保険被保険者証、本人の写真、マイナンバーカード、印鑑、運転免許証など個人番号や住所、年齢を確認できるものを提出して、失業等給付を受給できる資格があるかどうかの審査を受けます。ハローワークに求職の申込みを行い、失業の状態と認められ受給資格が決定した場合でも、決定日から7日間はどんな人も失業等給付を受けることができません。この7日間を待期期間と呼んでいます。7日に満たない失業であれば、手当を支給しなくても、大きな問題はないといえるからです。つまり、待期期間を経た翌日が、失業等給付の対象となる最初の日ということになります。

■ 4週間に1度失業認定が行われる

待期期間を過ぎると4週間に1回、失業認定日にハローワークに行

くことになります。ここで失業状態にあったと認定されると、その日数分の基本手当が支給されます。

　倒産、リストラなどの理由で離職した人は特定受給資格者にあたりますから、給付制限がありません。したがって、待期期間の満了から約4週間後の失業認定日の後、基本手当が指定口座に振り込まれます。

■ 正当な理由があれば給付制限は解除される

　自己都合で会社を退職する場合、失業してもハローワークで手続きをしてから3か月経過しないと失業手当を受け取れません。これを給付制限といいます。この間、蓄えのない人は、財政的にも精神的にも厳しいでしょう。ハローワークが「特別な事情があって退職を余儀なくされた」と認定してくれれば、会社都合退職として扱われ、給付制限を免れますが、そのようなケースは少ないようです。

　しかし、会社都合退職でなくても、給付制限を受けずに手当を受給できるケースがあります。それは退職について、「正当な理由」がある場合です。「正当な理由」は大きく分けて5つあり、1つでもあてはまれば、給付制限が解除されます。「正当な理由」と認められるケースは、たとえば、病気を理由に退職する場合、家族の介護を理由に退職する場合、単身赴任によって家族との共同生活が困難になったことを理由に退職する場合などです（次ページの図）。

　前述した給付制限は、「公共職業訓練を受ける期間」については、課されないことになっています。つまり、制限期間中に職業訓練を開始すれば、受講開始日から給付制限が外れるということです。このしくみを利用すれば、給付制限期間を短くすることが可能です。そのためには、退職前から段取りよく行動する必要があります。受給手続き開始後から、訓練の受講を考え始めるのでは、受講開始までにかなり時間がかかってしまうからです。それでは、3か月の給付制限が終わるのを待つのと変わらなくなるおそれがあります。

■ 職業指導などを拒むと給付制限がある

失業手当は、就職しようとする積極的な意思がなければ給付されません。失業認定日などにハローワークに行った際、就職しようとする意志がないと判断されてしまうと給付制限が行われます。

具体的には、ハローワークの紹介する職業に就くことを正当な理由なく拒んだ場合、公共職業訓練を受けることを正当な理由なく拒んだ場合、1か月間は、失業手当が支給されません。また、再就職を促進させる職業指導を拒んだ場合は1か月を超えない範囲で失業手当が支給されません。

さらに、偽りや不正行為により失業手当を受けようとしたとき、または受けたときは、その日以後の失業手当は支給されません。

■ 正当な理由 ....

```
        ┌──────────────────────────────────────┐
     ┌─▶│ 体力の不足、心身の障害、疾病、負傷、視力の減退、聴力の減退、│
     │  │ 触覚の減退等により離職した者            │
     │  └──────────────────────────────────────┘
     │  ┌──────────────────────────────────────┐
     ├─▶│ 妊娠、出産、育児等により離職し、雇用保険法が定める受給│
     │  │ 期間延長措置を受けた者                │
     │  └──────────────────────────────────────┘
┌──┐│  ┌──────────────────────────────────────┐
│正 │├─▶│ 父・母の死亡、疾病、負傷等のため、父・母を扶養するため│
│当 ││  │ に離職を余儀なくされた場合のように、家庭の事情が急変し│
│な ││  │ たことにより離職した場合               │
│理 ││  └──────────────────────────────────────┘
│由 │├─▶┌──────────────────────────────────────┐
└──┘│  │ 配偶者または扶養すべき親族と別居生活を続けることが困難│
     │  │ となったことにより離職した場合           │
     │  └──────────────────────────────────────┘
     │  ┌──────────────────────────────────────┐
     ├─▶│ 結婚に伴う住所の変更、育児に伴う保育所の利用といった理│
     │  │ 由などで通勤不可能または困難となったことにより離職した│
     │  │ 場合                        │
     │  └──────────────────────────────────────┘
     │  ┌──────────────────────────────────────┐
     └─▶│ 企業整備による人員整理等で希望退職者の募集に応じて離職│
        │ した場合                      │
        └──────────────────────────────────────┘
```

Q 病気やケガをして働けないときに傷病手当が支給される
ということですが、どんな手当なのでしょうか

A 　ハローワークに行って（出頭）、求職の申込みをした後に、
引き続き30日以上働くことができなかったときは、受給期間
の延長をすることができます（148ページ）。また、疾病または負傷が
原因で継続して15日以上職業に就けない場合は、傷病手当支給申請書
を提出することで基本手当に代えて、傷病手当を受給することができ
ます。傷病手当も求職者給付のひとつです。15日未満の病気やケガな
どについては、傷病証明書により失業の認定が受けられます。つまり、
基本手当の対象です。一方で、15日以上の傷病の場合、基本手当が支
給されないため、傷病期間中の生活保障が十分行われない可能性があ
ります。そのため、傷病手当は基本手当の代わりに支給され、生活保
障の目的を持った給付だといえます。傷病手当が支給されるのは、一
般被保険者だけです。傷病手当の受給要件は①受給資格者であること、
②離職後、ハローワークに出頭し、求職の申込みをすること、③求職
の申込み後に病気やケガのため、継続して15日以上職業に就けない状
態にあること、の３つです。傷病手当の支給額は基本手当とまったく
同額です。支給日数は、求職の申込みをした労働者の基本手当の所定
給付日数から、その労働者がすでに支給を受けた給付日数を差し引い
た日数になります。なお、基本手当の待期期間や給付制限期間につい
ては、傷病手当は支給されません。
　傷病手当は、同一の病気やケガについて、健康保険法による傷病手
当金、労働基準法に基づく休業補償または労災保険法に基づく休業（補
償）給付が受けられる期間については支給されません。

Q 高年齢者や季節雇用者への支給について教えてください。

A 高年齢被保険者とは、65歳以上の被保険者のことです。高年齢被保険者に支給される給付を高年齢求職者給付金といいます。受給できる金額は、65歳前の基本手当に比べてかなり少なくなり、基本手当に代えて、基本手当の50日分（被保険者として雇用された期間が1年未満のときは30日分）の給付金が一括で支給されます。高年齢求職者給付金は、高年齢被保険者が失業し（労働の意思及び能力があるにもかかわらず職業に就くことができない状態）、離職の日以前1年間に被保険者期間が通算して6か月以上あった場合に支給されます。なお、被保険者期間などの考え方は基本手当と同じです。また、高年齢被保険者の失業の認定は、1回だけ行われるため、失業認定日に離職をしていればよく、翌日から就職したとしても上記の日数が減額されることはありません。また、短期雇用特例被保険者とは、季節的業務（夏季の海水浴場での業務など）に雇用される者のうち、雇用期間が4か月以内の者及び週の労働時間が30時間未満の者を除いた者のことです。短期雇用特例被保険者に支給される求職者給付を特例一時金といいます。その名のとおり一時金（一括）で支給されます。

特例一時金の支給額は、基本手当日額の30日分（ただし、当分の間40日分）になります。ただ、失業の認定日から受給期限（離職日の翌日から6か月）までの日数が30日未満の場合は、受給期限までの日数分だけが支給されることになります。特例一時金も、短期雇用特例被保険者が失業し、離職の日以前1年間に被保険者期間が通算して6か月あった場合に支給されます。

高年齢求職者給付金と特例一時金についても、求職の申込みをした日以後7日間（待機期間）や自己都合退職などによる給付制限は、基本手当と同様に適用されます。

第6章

解雇・退職の手続きと
離職証明書の書き方

1 従業員が辞めるといったら何を準備すればよいのか

退職後に問題が起きないように対処する

■ トラブルにならないように送りだそう

　従業員の退職には、様々な理由があります。定年退職や家族の転勤など明確な理由がある場合には、労使双方が退職に納得していますので、円満に退職の手続きを進めることができます。しかし、従業員が何らかの不満や問題を抱えて退職を申し出た場合には、後から訴訟を起こされたり、労働基準監督署による調査を受けたりするなどの問題が発生する可能性があります。1人の従業員が退職することで、他の従業員も影響を受けます。その上にトラブルまで発生すると会社経営に支障が出ることになりかねませんので、適切に対応することが求められます。従業員が退職を申し出てきたときの対処としては、次のような方法が挙げられます。

① 退職理由の確認

　従業員から退職の申し出があったら、その理由をできるだけ正確に確認するように努めましょう。従業員の中には、いきなり「一身上の都合」と書いた退職願を提出してきたり、電話一本で「今日で辞める」と告げてきたりする人もいます。その場合であっても、退職を直ちに受け入れるのではなく、退職を申し出た理由を聞くことが大切です。たとえば、家族の介護や育児が理由である場合は、法律が規定している介護休業・育児休業などの活用を促すことや、フレックスタイム制の導入、仕事の割り振りの変更といった配慮をすることで、その従業員は退職しなくてすむかもしれません。「新しい仕事に挑戦したい」など、前向きな理由で退職の決意を固めている場合は、将来有望な人材であっても強くは慰留せず、快く送り出す方がよいケースが多

いでしょう。

　しかし、表向きは以上のようなことを理由にしていても、実際には、会社での待遇に対する不満や、パワハラ、セクハラ、人間関係のもつれなどが、本当の退職理由であることもあります。この場合、話を聞いて問題の解決に取り組むことで、退職を思いとどまらせることができる場合もありますし、退職を阻止することができなかったとしても、退職者の感情を和らげる効果は期待できます。さらに、会社内の問題の所在が明らかになれば、その後の組織体制の改善などに役立てることができるでしょう。このように、退職理由を詳しく聞くと、会社がどのように対応すればよいのか、ということが見えてきます。

② 　退職日の相談

　従業員から退職を申し出た場合、すでに退職日の心づもりをしていることが多いと思われますが、急に退職されると業務に支障が出かねません。従業員の意向を優先しつつ、引き継ぎの都合なども考慮して最終的な退職日を確定させるようにしましょう。

③ 　退職日までの業務や引き継ぎの内容の相談

　退職日が決まったら、その日までに行わなければならない業務を検討します。具体的には、取引先へのあいさつ、資料整理、後任者への引き継ぎといったことが挙げられます。

④ 　退職関連の書類の準備

　退職に伴う書類としては、退職届、秘密保持を約束する誓約書、健康保険の切りかえや失業等給付のための書類などがあります。

⑤ 　貸与物の返還

　会社から貸与している制服や名札、パソコン、ロッカーキーなどがあれば、退職日までにすべて返還してもらわなければなりません。返還忘れがないように、チェックシートなどを作成しておくとよいでしょう。

2 従業員が退職したときの社会保険の届出

資格喪失についての届出が必要になる

■ 従業員の資格喪失のための手続き

従業員が離職したときは健康保険と厚生年金保険の資格も喪失します。資格の喪失日は原則として離職した日の翌日になります。

【届出・添付書類】

事業主は、従業員が社会保険の資格を喪失した日（離職した日の翌日）から5日以内に管轄の年金事務所へ健康保険厚生年金保険被保険者資格喪失届を提出します。

添付書類としては、健康保険被保険者証が必要になります。離職した者と連絡がつかない場合などには被保険者証を回収できないこともあります。そのようなときは、資格喪失届の他に健康保険被保険者証回収不能届を提出します。

【ポイント】

備考欄には退職日を必ず記入します。

なお、資格喪失届は、従業員が退職したとき以外にも提出することがあります。たとえば、転勤により事業所が変更となる場合に提出するのもそのひとつです。転勤の場合の資格喪失日は転勤当日となります。その他、定年退職後の再雇用などで賃金額が下がった場合にも提出します。通常の月額変更の手続きではなく、継続して働いているとしても、定年退職日でいったん資格喪失届（喪失日は定年退職日の翌日）を提出して同じ日付で資格取得届を提出します（同日得喪）。

様式コード				
2 2 0 1				

健康保険
厚生年金保険　**被保険者資格喪失届**
厚生年金保険　70歳以上被用者不該当届

令和　2　年　3　月　21　日提出

提出者記入欄

事業所整理記号	0 0 － ｱ ｲ ｳ	事業所番号	1 2 3 4 5

届書記入の個人番号に誤りがないことを確認しました。

〒141-0000

事業所所在地　品川区五反田1-2-3

事業所名称　株式会社　緑商会

事業主氏名　代表取締役　鈴木　太郎　㊞

電話番号　03（3321）1123

在職中に70歳に到達された方の厚生年金保険被保険者喪失届は、この用紙ではなく『70歳到達届』を提出してください。

受付印

社会保険労務士記載欄

氏名等　　　　　　　　　㊞

被保険者1

① 被保険者整理番号	12	② 氏名	（フリガナ）かとう　さとし　加藤　聡	③ 生年月日	5.昭和 7.平成 9.令和　4 9 1 0 0 3

| ④ 個人番号[基礎年金番号] | 2 1 1 7 5 0 0 1 3 5 6 7 | ⑤ 喪失年月日 | 9.令和　0 2 0 3 2 1 | ⑥ 喪失原因 | 4. 退職等（令和 2 年 3 月 20 日退職等） 5. 死亡（令和　年　月　日死亡） 7. 75歳到達（健康保険のみ喪失） 9. 障害認定（健康保険のみ喪失） |

| ⑦ 備考 | 該当する項目を○で囲んでください。 1. 二以上事業所勤務者の喪失　3. その他 2. 退職後の継続再雇用者の喪失 | 保険証回収 | 添付　1　枚 返不能　　　枚 | ⑧ 70歳不該当 | □ 70歳以上被用者不該当 （退職日または死亡日を記入してください） 9.令和 不該当年月日 |

被保険者2

① 被保険者整理番号		② 氏名	（フリガナ）（氏）　　（名）	③ 生年月日	5.昭和 7.平成 9.令和　　年　月　日

| ④ 個人番号[基礎年金番号] | | ⑤ 喪失年月日 | 9.令和　　年　月　日 | ⑥ 喪失原因 | 4. 退職等（令和　年　月　日退職等） 5. 死亡（令和　年　月　日死亡） 7. 75歳到達（健康保険のみ喪失） 9. 障害認定（健康保険のみ喪失） |

| ⑦ 備考 | 該当する項目を○で囲んでください。 1. 二以上事業所勤務者の喪失　3. その他 2. 退職後の継続再雇用者の喪失 | 保険証回収 | 添付　　　枚 返不能　　　枚 | ⑧ 70歳不該当 | □ 70歳以上被用者不該当 （退職日または死亡日を記入してください） 9.令和 不該当年月日 |

被保険者3

① 被保険者整理番号		② 氏名	（フリガナ）（氏）　　（名）	③ 生年月日	5.昭和 7.平成 9.令和　　年　月　日

| ④ 個人番号[基礎年金番号] | | ⑤ 喪失年月日 | 9.令和　　年　月　日 | ⑥ 喪失原因 | 4. 退職等（令和　年　月　日退職等） 5. 死亡（令和　年　月　日死亡） 7. 75歳到達（健康保険のみ喪失） 9. 障害認定（健康保険のみ喪失） |

| ⑦ 備考 | 該当する項目を○で囲んでください。 1. 二以上事業所勤務者の喪失　3. その他 2. 退職後の継続再雇用者の喪失 | 保険証回収 | 添付　　　枚 返不能　　　枚 | ⑧ 70歳不該当 | □ 70歳以上被用者不該当 （退職日または死亡日を記入してください） 9.令和 不該当年月日 |

被保険者4

① 被保険者整理番号		② 氏名	（フリガナ）（氏）　　（名）	③ 生年月日	5.昭和 7.平成 9.令和　　年　月　日

| ④ 個人番号[基礎年金番号] | | ⑤ 喪失年月日 | 9.令和　　年　月　日 | ⑥ 喪失原因 | 4. 退職等（令和　年　月　日退職等） 5. 死亡（令和　年　月　日死亡） 7. 75歳到達（健康保険のみ喪失） 9. 障害認定（健康保険のみ喪失） |

| ⑦ 備考 | 該当する項目を○で囲んでください。 1. 二以上事業所勤務者の喪失　3. その他 2. 退職後の継続再雇用者の喪失 | 保険証回収 | 添付　　　枚 返不能　　　枚 | ⑧ 70歳不該当 | □ 70歳以上被用者不該当 （退職日または死亡日を記入してください） 9.令和 不該当年月日 |

3 従業員が退職するときの雇用保険の手続き

雇用保険被保険者資格喪失届を提出する

■ どんな離職理由があるのかをおさえておく

離職理由に応じて、次ページ中の「6.喪失原因」が異なるため注意が必要です。

① 自己都合 （喪失原因は2を記入）

② 契約期間満了 （喪失原因は2を記入）

③ 定年（60歳以上で継続雇用あり） （喪失原因は2を記入）

④ 取締役就任 （喪失原因は2を記入）

⑤ 移籍出向 （喪失原因は2を記入）

⑥ 事業主都合による解雇 （喪失原因は3を記入）

⑦ 退職勧奨 （喪失原因は3を記入）

⑧ 死亡退職 （喪失原因は1を記入）

⑨ 在籍出向 （喪失原因は1を記入）

【届出】

事業主が、離職した日の翌日から10日以内に雇用保険被保険者資格喪失届を、管轄の公共職業安定所へ届け出ます。

【添付書類】

原則として雇用保険被保険者離職証明書を添付します。本人が離職票の交付を希望しないときは添付する必要がありません。ただ、59歳以上の人の場合は必ず離職証明書を添付します。その他の添付書類には、①労働者名簿、②出勤簿、③賃金台帳、などがあります。

【ポイント】

離職理由によっては事実確認のための書類の提出が必要になることがあります。

様式第4号　（移行処理用）雇用保険被保険者　資格喪失届／氏名変更届

標準字体　0 1 2 3 4 5 6 7 8 9
（必ず第2面の注意事項を読んでから記載してください。）

※ 帳票種別
1 5 1 9
0 氏名変更届
1 資格喪失届

1. 個人番号
2 3 4 5 6 7 8 9 0 1 2 3

2. 被保険者番号
5 0 1 8 - 1 3 5 2 4 6 - 1

3. 事業所番号
1 3 0 6 - 7 8 9 1 2 3 - 4

4. 資格取得年月日
4 - 2 6 0 8 0 1
（3 昭和 / 4 平成 / 5 令和）
元号　年　月　日

5. 離職等年月日
5 - 0 2 0 3 2 0
元号　年　月　日

6. 喪失原因
2
1 離職以外の理由
2 3以外の離職
3 事業主の都合による離職

7. 離職票交付希望
1
（1 有 / 2 無）

8. 1週間の所定労働時間
4 0 0 0
時間　分

9. 補充採用予定の有無
1
（空白 無 / 1 有）

10. 新氏名
フリガナ（カタカナ）

※ 公共職業安定所記載欄

11. 喪失時被保険者種類
□（3 季節）

12. 国籍・地域コード
（17欄に対応するコードを記入）

13. 在留資格コード
（18欄に対応するコードを記入）

14欄から18欄までは、被保険者が外国人の場合のみ記入してください。

14. 被保険者氏名（ローマ字）または新氏名（ローマ字）（アルファベット大文字で記入してください。）

被保険者氏名（ローマ字）または新氏名（ローマ字）〔続き〕

15. 在留期間　　西暦　　年　　月　　日　まで

16. 派遣・請負就労区分　□
1 派遣・請負労働者として主として当該事業所以外で就労していた場合
2 1に該当しない場合

17. 国籍・地域
（　　　　　）

18. 在留資格
（　　　　　）

19.（フリガナ）被保険者氏名	カトウ サトシ 加藤 聡	20. 性別 男・女	21. 生年月日 大正・昭和・平成・令和 49年 10月 3日
22. 被保険者の住所又は居所	足立区足立1-2-3		
23. 事業所名称	株式会社 緑商会	24. 氏名変更年月日	令和　年　月　日
25. 被保険者でなくなったことの原因	転職希望による退職		

雇用保険法施行規則第7条第1項・第14条第1項の規定により、上記のとおり届けます。

令和 2 年 3 月 27日

事業主
住所　〒141-0000　品川区五反田1-2-3
氏名　株式会社 緑商会　代表取締役 鈴木 太郎
電話番号　03-3321-1123

記名押印又は署名　印

品川　公共職業安定所長　殿

社会保険労務士記載欄	作成年月日・提出代行者・事務代理者の表示	氏　名	電話番号	安定所
		印		備考欄

※	所長	次長	課長	係長	係	操作者	確認通知年月日 令和　年　月　日

2019. 5

4 従業員が退職した事実を証明する書類

被扶養者になる際に必要になることがある

■ 退職者が様々な理由によって請求してくる

退職証明書の発行を行う主な理由には、退職後の社会保険の加入に際して退職を証明する書類として公的機関から依頼される場合、転職の際に、転職先から確認書類として依頼される場合、解雇理由に納得がいかず法的に会社の主張する理由を書面で残す場合、など様々なものがあります。退職証明書に決まった書式はありませんが、次ページの書式は厚生労働省のモデル書式です。

【請求手続】

退職者から請求があった場合には、事業主は退職証明書を必ず発行しなければなりません。請求の期限は退職から2年以内です。

【添付書類】

退職理由が解雇の場合は、退職者の請求により、解雇の理由も交付しなければなりません。逆に、退職者が解雇の理由の交付を希望しない場合には、記入してはいけません。

【ポイント】

退職証明書は、使用期間、業務の種類、その事業における地位、賃金、退職の事由、解雇の場合の解雇理由について、退職者が請求した場合において交付しなければなりません。退職者の請求しない事項は記入してはいけません。社会保険手続においては、退職日と退職の事由を記入します。

なお、退職証明書は再就職活動のために請求されることもあります。「秘密の記号を記入してはならない」と定められていますので、誤解を招くような記号は記入しない方が無難です。

164

退　職　証　明　書

石田成三　　　　　殿

　以下の事由により、あなたは当社を　令和○ 年　8 月 31 日に退職したこと
を証明します。

令和○ 年　12 月　1 日

　　　　　事業主氏名又は名称　**株式会社 緑商会**

　　　　　使用者職氏名　**代表取締役 鈴木 太郎**

---

① 　あなたの自己都合による退職　（②を除く。）

② 　当社の勧奨による退職

③ 　定年による退職

④ 　契約期間の満了による退職

⑤ 　移籍出向による退職

⑥ 　その他（具体的には　　　　　　　　　　　　　　　　　）による退職

⑦ 　解雇（別紙の理由による。）

※ 　該当する番号に○を付けること。

※ 　解雇された労働者が解雇の理由を請求しない場合には、⑦の「（別紙の理由による。）」
　を二重線で消し、別紙は交付しないこと。

ア　天災その他やむを得ない理由（具体的には、

　　　　　　　　　　　　　　によって当社の事業の継続が不可能になったこと。）による解雇

イ　事業縮小等当社の都合（具体的には、当社が、

　　　　　　　　　　　　　　　　　　　　　となったこと。）による解雇

㋒　職務命令に対する重大な違反行為（具体的には、あなたが
　　令和○年7月1日に所属部署の上司から、現在の担当業務である取引先との
　　交渉の業務を外れ、社内において営業支援の業務に従事するよう業務命令を
　　受けた。にもかかわらず、あなたは、この業務命令に従おうとせず、所属部
　　署の上司および直属の上司の再三の注意にも従わず、同業務命令に違反して
　　指示された業務に従事しようとせず、さらに無断欠勤も繰り返すようにな
　　り、確認できるだけで合計10回の業務命令違反を　　　　　　したこと。）による解雇

エ　業務について不正な行為（具体的には、あなたが

　　　　　　　　　　　　　　　　　　　　　したこと。）による解雇

オ　相当長期間にわたる無断欠勤をしたこと等勤務不良であること（具体的には、あなたが

　　　　　　　　　　　　　　　　　　　　　したこと。）による解雇

カ　その他（具体的には、

　　　　　　　　　　　　　　　　　　　　　　　　）による解雇

※　該当するものに○を付け、具体的な理由等を（　）の中に記入すること。

5 解雇した事実を証明する書類

理由を明記した証明書を交付する

■ 解雇通知書と解雇理由証明書を労働者に渡す

解雇の通知を伝える書面には、「解雇予告通知書（次ページ）」といった表題をつけ、解雇する相手、解雇予定日、会社名と代表者名を記載した上で、解雇の理由を記載します。就業規則のある会社の場合には、解雇の理由と共に就業規則の規定のうち、解雇する根拠となる条文を明記し、その従業員が具体的に根拠規定のどの部分に該当したのかを説明するようにしましょう。即時解雇する場合には、表題を「解雇通知書」などとし、解雇予告手当を支払った場合にはその事実と金額も記載します。解雇（予告）通知書に詳細を記載しておくことで、仮に解雇された元従業員が解雇を不当として訴訟を起こした場合でも、解雇理由を明確に説明しやすくなります。

また、解雇予告通知書を渡していたとしても、解雇した元社員から求められた場合には別途、「解雇理由証明書（169ページ）」を交付しなければなりません。解雇理由証明書は、退職証明書と同様に労働基準法で交付が義務付けられています。

証明書の交付期間は、解雇の予告がされた日から退職の日までの間で、それ以降については退職証明書の交付を行います。「解雇理由証明書」には、解雇した相手、解雇した日時（解雇予定日）、解雇の理由を明記します。記載内容については、退職証明書と同様、具体的な事実や理由を記載しておくことが大切です。書面に記載された解雇理由が不当な解雇と認められる内容であった場合には、後に訴訟などを起こされた際には不利な状況となります。

書式4　解雇予告通知書

令和○年6月30日

解雇予告通知書

○○○○　殿

　この度、貴殿を当社就業規則第○条に基づき、下記の理由により令和○年7月31日付で解雇いたしますので、労働基準法第20条に基づきここに通知いたします。

東京都○○区○丁目○番○号

株式会社○○○○

代表取締役　　○○○○

[解雇理由]

　貴殿は、令和○年○月○日、所属部署の上司である○○本部長から、現在の担当業務である取引先との交渉業務を外れ、社内での営業支援の業務に従事するように業務命令を受けた。

　にもかかわらず、貴殿はかかる業務命令に従おうとせず、○○本部長及び直属の上司である○○係長の再三の注意にも従わず、同業務命令に違反して指示された業務に従事しようとしなかった。また、業務方針及び社内体制に対する不平不満も態度に現すようになり、これに対する再三の注意及び改善指導にも従わず、無断欠勤を繰り返すようになり、確認できるだけでも合計○○回の業務命令違反を繰り返した。

　以上の貴殿の行為は、当社就業規則第○条第○号違反に該当し、同規則第○条の解雇事由に該当するため、同条に基づき貴殿を解雇する。

解 雇 理 由 証 明 書

<u>　　　　　　　○○○○　　殿</u>

　当社が、**令和○年 ○ 月 ○ 日付けで**あなたに予告した解雇については、
以下の理由によるものであることを証明します。

　　　　　　　　　　　　　　　　令和○ 年 ○ 月 ○ 日

　　　　　　　事業主氏名又は名称　**株式会社○○○○**
　　　　　　　使 用 者 職 氏 名　**代表取締役　○○○○**

〔解雇理由〕※1、2

1　天災その他やむを得ない理由（具体的には、

　　　　　　　によって当社の事業の継続が不可能となったこと。）による解雇

2　事業縮小等当社の都合（具体的には、当社が、

　　　　　　　　　　　　となったこと。）による解雇

③　職務命令に対する重大な違反行為（具体的には、あなたが　所属部署の
　　　上司である○○本部長の業務命令に従おうとせず、確認できる
　　　だけでも合計○○回の業務命令違反を繰り返　したこと。）による解雇

4　業務については不正な行為（具体的には、あなたが

　　　　　　　　　　　　したこと。）による解雇

⑤　勤務態度又は勤務成績が不良であること（具体的には、あなたが業務方針及び
　　　社内体制に対する不平不満を態度に現し、再三の注意及び改善指導
　　　にも従わず、無断欠勤を繰り返すようになった　　こと。）による解雇

6　その他（具体的には、
　　　上記3、5に記載したあなたの行為が当社就業規則第○条○号
　　　違反に該当し、同規則第○条の解雇事由に該当すること　）による解雇

※1　該当するものに○を付け、具体的な理由等を（　）の中に記入すること。
※2　就業規則の作成を義務付けられている事業場においては、上記解雇理由の記載例にか
　　かわらず、当該就業規則に記載された解雇の事由のうち、該当するものを記載すること。

6 健康保険被保険者証を回収できない場合の届出

健康保険被保険者証を紛失した場合は遅滞なく届け出る

盗難や紛失して返却してもらえない場合に出す

　被保険者が離職したとき、または被保険者証が更新され、新しい被保険者証が発行されるときは、それまで使用していた被保険者証を返却しなければなりません。しかし、盗難や紛失などの理由で返却することができない場合は、「健康保険被保険者証回収不能届」を提出します。

【請求手続・添付書類】

　健康保険被保険者証の紛失に気が付いたときは、事業主は、遅滞なく「健康保険被保険者証回収不能届」を年金事務所に提出します。保険証をき損して再交付を行う場合には、「健康保険被保険者証再交付申請書」を提出します。また、警察に届け出た場合は、その日時、届出受理番号等も報告します。

【ポイント】

　滅失した原因について、できるだけ詳細に記入します。紛失した場所によっては、警察への届出が必要になります。また、紛失した被保険者証が後日発見された場合には、速やかに返却します。

　なお、現在は、保険証が1人1枚のカードになりましたので、保険証を回収するときには、被扶養者分も含めて全員分がきちんとそろっているか確認することが必要です。特に、被扶養者が遠い場所に住んでいる場合、どうしても回収するのが遅れてしまいがちです。そんな場合でも、きちんと退職者に催促して、返却を求めなければなりません。それをせずに、安易に回収不能届を提出することは認められません。

健康保険　被保険者証回収不能届

被保険者情報	被保険者証の (をづめ)	記号	番号		生年月日	年	月	日
		65010203	12		☑昭和 ☐平成 ☐令和	57	09	16
	氏名	(フリガナ) アオヤマ ハルオ 青山　晴夫						
	住所	(〒　　—　　) 東京 ㊞都道府県 品川区荏原本町2-3-9						
	電話番号 (日中の連絡先)	TEL　　(　　)			携帯電話　　—　　—			

※「電話番号(日中の連絡先)」または「携帯電話番号」について必ず記入してください。

	氏名	生年月日	性別	高齢受給者証 交付　返納	被保険者証を返納できない理由
回収不能等の対象者	青山　晴夫	☑昭和 57年 9月 16日 ☐平成 ☐令和	☑男 ☐女	☐有 ☐有 ☑無 ☑無	財布に入れていたところ、紛失してしまった。
		☐昭和 ☐平成 年 月 日 ☐令和	☐男 ☐女	☐有 ☐有 ☐無 ☐無	
		☐昭和 ☐平成 年 月 日 ☐令和	☐男 ☐女	☐有 ☐有 ☐無 ☐無	
		☐昭和 ☐平成 年 月 日 ☐令和	☐男 ☐女	☐有 ☐有 ☐無 ☐無	
	備考				

上記の者について、被保険者証(高齢受給者証)が回収不能であるため届出します。
なお、被保険者証を回収したときは、ただちに返納します。　　　　　　　令和　2　年　5　月　16　日

事業主欄	事業所所在地	(〒　　—　　) 東京都品川区五反田1-2-3	
	事業所名称	株式会社 緑商会	※事業主の自署の場合は 押印を省略できます。
	事業主氏名	代表取締役 鈴木 太郎　　㊞	
	電　話	(　　)	

社会保険労務士の 提出代行者名記載欄	㊞	受付日付印

※この届は被保険者証を返納できない場合に提出します。
※回収不能対象者には、後日、被保険者あてに「健康保険被保険者証の無効のお知らせ」を送付します。

7 離職証明書を作成する場合の注意点

離職理由は離職者の失業給付に影響する

■ 離職証明書とは

　離職した人が雇用保険の失業等給付を受けるためには、離職票が必要になります。離職票の交付を受けるために作成しなければならない書類が離職証明書です。離職票の交付を本人が希望しないとき（転職先が決まっているときなど）は作成・届出の必要はありません。ただし、離職者が59歳以上のときは本人の希望にかかわらず作成・届出をしなければなりません。

　離職証明書は、雇用保険被保険者資格喪失届（163ページ）の添付書類として、労働者の離職日の翌日から10日以内に管轄の公共職業安定所（ハローワーク）に届け出ます。また、退職時点では離職証明書の交付を希望せず、その後、離職者が交付を希望した場合にはその時点で公共職業安定所に届け出ます。

■ 事業主と離職者で離職理由に相違がある場合はどうするのか

　離職証明書に記載された賃金支払状況や離職理由などによって、失業給付の受給資格、給付日数、給付制限の有無を判断することになります。離職理由によっては、離職者が特定受給資格者（150ページ）や特定理由離職者（146ページ）、それら以外の離職者になるかどうか判断され、受給する失業手当の受給額に影響を与えるので、離職証明書は非常に重要な書類といえます。

　離職証明書は、3枚複写になっており、離職証明書（事業主控）、離職証明書（安定所提出用）、離職票－2に分かれています。

　離職理由を判断する際には、まず、事業主が主張する離職理由を3

枚複写の離職証明書に記載し、公共職業安定所に提出することになります。そして、離職者が求職手続き時に、その離職理由に相違がないかということを公共職業安定所が把握し、最終的には公共職業安定所の権限によって離職理由を確定させます。

　労働者が一身上の都合などにより退職する場合には、事業主と離職者で離職理由の相違は少ないと考えられますが、会社都合で退職する場合には離職理由に相違があり、トラブルの原因になってしまいます。離職理由の相違がある場合には、公共職業安定所は、事業主などに対して離職理由の確認資料などの提出依頼や聞き取りを行い、客観的な事実を基に判定していくことになります。

　たとえば、一身上の都合と記載した退職届によって、事業主がその理由で離職証明書を作成し、提出したとしても、労働者が実際の退職理由は賃金の減額やハラスメント行為であったと主張した場合には、賃金台帳の提出や公共職業安定所の聞き取り調査などが行われることもあります。そして、離職者の主張が認められれば、離職者は特定受給資格者などに該当することになります。

■ 主な離職理由について

　会社都合で労働者を退職させる場合には、離職理由の相違が生じやすいため、離職理由欄の記載方法を知っておく必要があります。離職証明書の賃金額などの記載方法については178ページに記載していますので、ここでは、どのような離職理由があるのかということについてみていきましょう。

　離職証明書では、⑦離職理由欄（183ページ参照）に記載する離職理由として、次のような6種類に分類しています。

① 事業所の倒産等によるもの

　倒産手続開始や手形取引停止によって離職した場合が該当します。倒産までいかず、事業所の廃止や事業活動停止後事業再開のめどが

立っていない状態も含みます。

　事業所の倒産などによる離職は、特定受給資格者に該当します。

②　定年によるもの

　就業規則に定められている定年年齢によって離職した場合が該当します。現在では、継続雇用制度などにより65歳までの雇用が義務となっているため、継続雇用の希望の有無を記載することも必要です。

③　労働契約期間満了等によるもの

　労働契約期間満了等による離職の場合は、さらに、「(a)採用又は定年後の再雇用時等にあらかじめ定められた雇用期間到来による離職」「(b)労働契約期間満了による離職」「(c)早期退職優遇制度、選択定年制度等により離職」「(d)移籍出向」に分けられます。

　(a)、(b)については、1回の契約期間、通算契約期間、契約更新回数を記載します。さらに、(b)については、労働者の契約更新の希望の有無、雇止め通知の有無などを記載します。契約期間が通算3年以上あり更新の希望があったにもかかわらず離職した場合には特定受給資格者に該当するため、雇用契約書など事実を確認する書類などで客観的に判断します。契約期間が上記未満であったとしても、特定理由離職者に該当する可能性があります。

④　事業主からの働きかけによるもの

　解雇、希望退職の募集、退職勧奨などで離職した場合が該当します。解雇には、労働者の重大な就業規則違反により解雇された場合も含まれます。事業主からの働きかけにより離職した場合には、特定受給資格者に該当します。

⑤　労働者の判断によるもの

　最終的には労働者の判断で離職を選択した場合であっても、それに至る過程において「職場における事情によるもの」と「労働者の個人的な事情によるもの」とに分けることができます。

　「職場における事情によるもの」には、さらに下記のような離職理

由に分類できます。

(a) 労働条件に関する問題（賃金低下、賃金遅配、時間外労働、採用条件との相違等）があったと労働者が判断したため

(b) 事業主または他の労働者から就業環境が著しく害されるような言動（故意の排斥、嫌がらせ等）を受けたと労働者が判断したため

(c) 妊娠、出産、育児休業、介護休業等に係る問題（休業等の申し出拒否、妊娠、出産、休業等を理由とする不利益取扱い）があったと労働者が判断したため

(d) 事業所での大規模な人員整理があったことを考慮した離職

(e) 職種転換等に適応することが困難であったため

(f) 事業所移転により通勤困難となったため（往復概ね4時間以上）

「労働者の個人的な事情によるもの」には、転職によるもの、病気によって職務を果たせなかったなどが該当します。離職理由として最も多い理由といえます。

労働者の自己都合退職によるものであっても、それに至る過程で上記のように職場に問題がある場合には、特定受給資格者や特定理由離職者に該当する可能性があります。

⑥ その他

①〜⑤以外の理由で離職した場合に記載します。

■ 具体的事情記載欄への記入例

離職証明書の⑦離職理由欄（183ページ参照）には、上記で記載した離職理由に該当したところに○をします。それ以外にも、離職証明書の最下段の具体的事情記載欄にも主な離職理由を記載します。

ケース1 定年による離職（上記②に該当）

就業規則第○条に基づき65歳定年により離職

ケース2 労働契約期間満了による離職（上記③(b)に該当）

・平成○年○月○日に雇用し、契約期間が半年の労働契約を8回更

新し、労働者が契約継続を希望したが、事業主が契約更新をしな
かったため離職

・平成〇年〇月〇日に雇用し、契約期間が半年の労働契約を8回更
新し、事業主が契約継続を希望したが、労働者が退職を希望した
ため離職

ケース3 **解雇に伴う離職（上記④に該当）**

・令和〇年〇月〇日に、人員整理のため解雇（解雇予告日令和〇年
〇月〇日）

・令和〇年〇月〇日に、就業規則第〇条に違反のため懲戒解雇（解
雇予告日令和〇年〇月〇日）

ケース4 **職種転換等に伴い離職（上記⑤(e)に該当）**

・入社以来、10年間経理事務を行う部門で働いていたが、事業主よ
り営業部門で個人向けの車販売営業への配置転換が命じられ、教
育訓練も行われず、対応できなかったため離職。

・地域限定正社員として雇用されたにもかかわらず、県外への転勤
を命じられたため離職

　離職証明書の2枚目には、事業主が主張する離職理由に異議がない
か離職者が記名押印する欄が設けられています。ただし、退職後、離
職者に記名押印をしてもらえない理由（離職者が帰郷しているなど）
がある場合には、事業主印を押すことになっています。また、離職証
明書は電子申請で行うこともでき、ハローワークへ提出する時間や書
き間違いなどによる手間を省くことができます。

■ 離職証明書に記載する離職理由 ……………………………………

離職理由	具体的な内容と確認書類
① 事業所の倒産等によるもの	倒産手続きの開始、事業所の廃止などにより離職した場合 【確認書類】 ・裁判所において倒産手続の申立てを受理したことを証明する書類 ・事業所の廃止の議決をした議事録　など
② 定年によるもの	就業規則に定められている定年年齢によって離職した場合 【確認書類】 ・就業規則など
③ 労働契約期間満了等によるもの	下記の理由で離職した場合 (a)採用または定年後の再雇用時等にあらかじめ定められた雇用期間到来による離職 　例）契約期間が1年であったとしても、あらかじめ雇用期間の上限（3年間など）と定められており上限に達したことによる離職 (b)労働契約期間満了による離職 　例）あらかじめ契約期間が1年間などと定められていた者が、その契約期間が終了したため離職した場合 (c)早期退職優遇制度、選択定年制度等により離職 (d)移籍出向 【確認書類】 ・労働契約書、就業規則、タイムカード ・早期退職優遇制度などの内容がわかる資料 ・移籍出向の事実がわかる書類　など
④ 事業主からの働きかけによるもの	解雇、希望退職の募集、退職勧奨などで離職した場合 （労働者の責めに帰すべき重大な理由による解雇も含む） 【確認書類】 ・解雇予告通知書、退職証明書、就業規則など ・希望退職募集要綱、離職者の応募の事実がわかる書類など
⑤ 労働者の判断によるもの	◎職場における事情によるもの 　例）賃金の低下、ハラスメント、大規模な人員整理、職種転換などへの対応困難、事業所移転による通勤困難など 【確認書類】 ・労働契約書、就業規則、賃金規定、賃金台帳 ・配置転換の辞令 ◎労働者の個人的な事情によるもの 　例）転職を希望、病気により就業が困難 【確認書類】 ・退職願
⑥ その他	①～⑤以外の理由で離職した場合

8

離職証明書の書き方（正社員の退職）

賃金台帳を見て賃金額を記入する

■ 退職者が希望したときは離職証明書を交付する

　離職証明書の記載方法の一般的な注意点について書式7（182ページ）を参考に見ていきましょう。

　離職証明書の⑧欄の被保険者期間算定対象期間は、離職日の翌日からさかのぼって記入します。⑩欄の賃金支払対象期間は、⑧欄に対応する賃金計算期間を記入します（退職日と賃金計算締切日が同じ場合は⑧欄と同じ日付を記入することになります）。

　⑨欄と⑪欄の基礎日数を記入する際に、日給者や時間給者の場合、出勤した日数を記入します。月給者の場合、欠勤による減額などがなければ、出勤日数でなく暦日を記入します。

　⑫欄の賃金額は、離職の日以前2年間についての期間のうち、被保険者期間が通算して12か月になるように記入します。被保険者期間は、⑧欄の期間に賃金支払の基礎となる日数が11日以上ある月を1か月とします。なお、令和2年8月1日からは月11日以上に加えて、賃金の支払いの基礎となった時間が月80時間以上ある月についても被保険者期間とするものとなります。

　⑫欄は月給者であれば🅐欄に記入し、日給・時間給者であれば🅑欄に記入します。賃金額は、賃金台帳を見ながら記入し、時間外手当、通勤手当も含めます。時間外手当のみが翌月払いとなる場合にはその額は当月分に記載します。また、通勤手当を複数月分まとめて支払っている場合には、それぞれの月ごとに記載します。⑦欄は172ページの説明のとおり記載します。

　なお、離職証明書を提出する時点で給料計算を行っていない場合に

は備考欄に「未計算」と記入します。最後の給料計算が終わるのを待っていると離職証明書の提出が遅くなってしまうこともあるため、このような処理をすることも認められていますが、「未計算」と記入して提出した場合、賃金額を確認するため、後日ハローワークから問い合わせを受ける可能性があります。

ケース1　月給労働者が転職により自己都合退職する場合

書式7は、以下のケースで会社の担当者が作成する離職証明書です。

> 労働形態：大卒後入社、正社員（10年勤務）
> 給与：月給（総支給額）25万円（離職日前3年間変動なし）、残業なし
> 賞与等：年2回、その他手当なし
> 給与形態：20日締め、25日支払い
> 離職日：令和2年3月20日
> 離職理由：転職による自己都合退職

・書式の作成ポイント

書式7は、令和2年3月20日に自己都合で離職した場合の離職証明書です。もっともシンプルなパターンの離職証明書だと考えてください。⑧欄の「被保険者期間算定対象期間」には、離職日から1か月ずつさかのぼり区分日付を記入していきます。さかのぼる月数は、⑨欄の「支払基礎日数」が11日以上ある月が12か月になるまでです。

その⑨欄には、月給者では、暦日数または所定出勤日数から欠勤控除された日数を除いた日数を記入します。⑩欄の「賃金支払対象期間」には、離職日から直前における賃金締切日の翌日まで一区分としてさかのぼり、後は賃金締切日ごとに1か月ずつさかのぼり⑨欄と同じ列になるまで区分日付を記入していきます。

⑪欄には、賃金支払対象期間ごとに⑨欄と同様の方法で算出した日数を記入します。

⑫欄の「賃金額」には、その支払対象期間に基づき支給されたすべての賃金の総額を記入します。忘れがちなのが通勤手当ですが、もちろんこれも算入します。

本ケースは自己都合での離職であることから、⑦欄には「労働者の個人的事情による離職（一身上の都合、転職希望等)」に○をつけます。

> **ケース2** 業績不振による賃金カットにより賃金額の変動があった正社員が自己都合退職する場合

書式8は、以下のケースで会社の担当者が作成する離職証明書です。

労働形態：大卒後入社、正社員（10年勤務）

給与：月給（総支給額）22万円（令和1年10月1日付で25万円から減額）、残業なし

賞与等：年2回、その他手当なし

給与形態：20日締め、25日支払い

離職日：令和2年3月20日

離職理由：転職による自己都合退職

・書式の作成ポイント

ケースは、記載期間中に業績不振により減給処分がなされたため、基本給が大きく減ったケースです。

⑬備考欄には、「賃金規程○条により1.10.1付で30,000円減給」と記載しています。

⑦欄では、「労働条件に係る問題（賃金低下、賃金遅配、時間外労働、採用条件との相違等）があったと労働者が判断したため」にするか迷うところですが、退職届における理由（「一身上」など）からし

か判断できないときには、それに基づいて○をつける箇所を判断します。

⑮欄は⑦欄を除く離職証明書の内容を、⑯欄は⑦欄の離職理由を離職者が確認の上、記名押印または自筆による署名をする欄です。本人の確認が得られない場合には、その理由を記載し、事業主印を押印します。

ケース3 正社員がリストラにより退職する場合

書式9は、以下のケースで会社の担当者が作成する離職証明書です。

労働形態：大卒後入社、正社員（10年勤務）

給与：月給（総支給額）25万円（離職日前3年間変動なし）、残業なし

賞与等：年2回、その他手当なし

給与形態：20日締め、25日支払い

離職日：令和2年3月20日

離職理由：退職勧奨による退職

・書式の作成ポイント

リストラいわゆる整理解雇により退職する場合、⑦欄では、「事業の縮小又は一部休廃止に伴う人員整理を行うためのもの」に○をつけます。また「具体的事情記載欄」にも、離職に至った簡単な経緯を記しておくようにします。なお、経営不振ということになると、本ケースにはありませんが、離職に至るまでの間に一時帰休（212ページ）が生じることもあるでしょう。休業手当が支給されれば、出勤がなくても⑨、⑪欄には、その日数を算入します。そして⑬備考欄には、「休業」との記載に合わせて休業日数、休業手当の額を記載しておきます。また、雇用調整助成金の支給を受けたときは、「雇調金」と記載の上、支給決定を受けた年月日を記載します。

様式第5号

雇用保険被保険者離職証明書（安定所提出用）

① 被保険者番号	1234 - 567890 - 1	③ フリガナ	カトウサトシ	④ 離職 令和	年	月	日
② 事業所番号	1111 - 111111 - 1	離職者氏名	加藤聡	年月日	2	3	20

⑤ 名称	株式会社佐藤商事	⑥ 離職者の	〒 120-0123
事業所 所在地	品川区○○1-1-1	住所又は所在	足立区○○1-2-3
電話番号	03-1111-1111		電話番号（ 03 ）1234-5678

この証明書の記載は、事実に相違ないことを証明します。

事業主　住所　品川区○○1-1-1

氏名　代表取締役　佐藤清　㊞

※離職票交付　令和　年　月　日
（交付番号　　　　　　　番）

離職票

受領

印

離職の日以前の賃金支払状況等

⑧ 被保険者期間算定対象期間		⑨ ⑧の期間における賃金支払基礎日数	⑩ 賃金支払対象期間	⑪ ⑩の基礎日数	⑫ 賃　金　額			⑬ 備　考
Ⓐ 一般被保険者等	Ⓑ 短期雇用特例被保険者				Ⓐ	Ⓑ	計	
離職日の翌日 3月21日								
2月21日~ 離職日	離職月	29日	2月21日~ 離職日	29日	250,000			
1月21日~ 2月20日	月	31日	1月21日~ 2月20日	31日	250,000			
12月21日~ 1月20日	月	31日	12月21日~ 1月20日	31日	250,000			
11月21日~12月20日	月	30日	11月21日~12月20日	30日	250,000			
10月21日~11月20日	月	31日	10月21日~11月20日	31日	250,000			
9月21日~10月20日	月	30日	9月21日~10月20日	30日	250,000			
8月21日~ 9月20日	月	31日	8月21日~ 9月20日	31日	250,000			
7月21日~ 8月20日	月	31日	7月21日~ 8月20日	31日	250,000			
6月21日~ 7月20日	月	30日	6月21日~ 7月20日	30日	250,000			
5月21日~ 6月20日	月	31日	5月21日~ 6月20日	31日	250,000			
4月21日~ 5月20日	月	30日	4月21日~ 5月20日	30日	250,000			
3月21日~ 4月20日	月	31日	3月21日~ 4月20日	31日	250,000			
月 日~ 月 日	月	日	月 日~ 月 日	日				

備考欄

⑭ 賃金に関する特記事項	⑮この証明書の記載内容（⑦欄を除く）は相違ないと認めます。（記名押印又は自筆による署名）（離職者）氏名　加藤聡　㊞

※公共職業安定所記載欄

⑮欄の記載　　有・無
⑯欄の記載　　有・無
　資・聴

本手続きは電子申請による申請も可能です。本手続きについて、電子申請により行う場合には、被保険者が離職証明書の内容について確認したことを証明することができるものを本離職証明書の提出と併せて送信することをもって、当該被保険者の電子署名に代えることができます。
　また、本手続きについて、社会保険労務士が電子申請による本届書の提出に関する手続を事業主に代わって行う場合には、当該社会保険労務士が当該事業主の提出代行者であることを証明することができるものを本届書の提出と併せて送信することをもって、当該事業主の電子署名に代えることができます。

社会保険労務士記載欄	作成年月日・提出代行者・事務代理者の表示	氏　名	電話番号		※ 所長	次長	課長	係長	係
		㊞							

⑦

⑦ 離職理由欄…事業主の方は、離職者の主たる離職理由が該当する理由を1つ選択し、左の事業主記入欄の□の中に○印を記入の上、下の具体的事情記載欄に具体的事情を記載してください。

【離職理由は所定給付日数・給付制限の有無に影響を与える場合があり、適正に記載してください。】

事業主記入欄	離　職　理　由	※離職区分
□ ……	1　事業所の倒産等によるもの	
□ ……	（1）倒産手続開始、手形取引停止による離職	1 A
□ ……	（2）事業所の廃止又は事業活動停止後事業再開の見込みがないため離職	1 B
	2　定年によるもの	
□ ……	定年による離職（定年　　歳）	
	定年後の継続雇用 ｛を希望していた（以下のaからcまでのいずれかを1つ選択してください） 　　　　　　　　 ｛を希望していなかった	2 A
	a　就業規則に定める解雇事由又は退職事由（年齢に係るものを除く。以下同じ。）に該当したため 　　（解雇事由又は退職事由と同一の事由として就業規則又は労使協定に定める「継続雇用しないことができる事由」に該当して離職した場合も含む。）	2 B
	b　平成25年3月31日以前に労使協定により定めた継続雇用制度の対象となる高年齢者に係る基準に該当しなかったため	2 C
	c　その他（具体的理由：　　　　　　　　　）	
	3　労働契約期間満了等によるもの	
□ ……	（1）採用又は定年後の再雇用時等にあらかじめ定められた雇用期限到来による離職	2 D
	（1回の契約期間　　箇月、通算契約期間　　箇月、契約更新回数　　回）	
	（当初の契約締結後に契約期間や更新回数の上限を短縮し、その上限到来による離職に該当　する・しない）	2 E
	（当初の契約締結後に契約期間や更新回数の上限を設け、その上限到来による離職に該当　する・しない）	
	（定年後の再雇用時にあらかじめ定められた雇用期限到来による離職で　ある・ない）	
	（4年6箇月以上5年以下の通算契約期間の上限が定められ、この上限到来による離職で　ある・ない）	
	→ある場合（同一事業所の有期雇用労働者に一様に4年6箇月以上5年以下の通算契約期間の上限が平成24年8月10日前から定められて　いた・いなかった）	
□ ……	（2）労働契約期間満了による離職	3 A
	①　下記②以外の労働者	
	（1回の契約期間　　箇月、通算契約期間　　箇月、契約更新回数　　回）	3 B
	（契約を更新又は延長することの確約・合意の　有・無（更新又は延長しない旨の明示の　有・無））	
	（直前の契約更新時に雇止め通知の　有・無）	3 C
	（当初の契約締結後に不更新条項の追加が　ある・なし）	
	｛を希望する旨の申出があった	3 D
	労働者から契約の更新又は延長　｛を希望しない旨の申出があった	
	｛の希望に関する申出はなかった	
	②　労働者派遣事業に雇用される派遣労働者のうち常時雇用される労働者以外の者	3 D
	（1回の契約期間　　箇月、通算契約期間　　箇月、契約更新回数　　回）	4 D
	（契約を更新又は延長することの確約・合意の　有・無（更新又は延長しない旨の明示の　有・無））	
	｛を希望する旨の申出があった	5 E
	労働者から契約の更新又は延長　｛を希望しない旨の申出があった	
	｛の希望に関する申出はなかった	
	a　労働者が適用基準に該当する派遣就業の指示を拒否したことによる場合	
	b　事業主が適用基準に該当する派遣就業の指示を行わなかったことによる場合（指示した派遣就業が取りやめになったことによる場合を含む。）	
	（aに該当する場合は、更に下記の5のうち、該当する主たる離職理由を更に1つ選択し、○印を記入してください。該当するものがない場合は下記の6に○印を記入した上、具体的な理由を記載してください。）	
□ ……	（3）早期退職優遇制度、選択定年制度等により離職	
□ ……	（4）移籍出向	
	4　事業主からの働きかけによるもの	
□ ……	（1）解雇（重責解雇を除く。）	
□ ……	（2）重責解雇（労働者の責めに帰すべき重大な理由による解雇）	
	（3）希望退職の募集又は退職勧奨	
□ ……	①　事業の縮小又は一部休廃止に伴う人員整理を行うためのもの	
□ ……	②　その他（理由を具体的に　　　　　　　　　　　　　　　）	
	5　労働者の判断によるもの	
□ ……	（1）職場における事情による離職	
□ ……	①　労働条件に係る問題（賃金低下、賃金遅配、時間外労働、採用条件との相違等）があったと労働者が判断したため	
□ ……	②　事業主又は他の労働者から就業環境が著しく害されるような言動（故意の排斥、嫌がらせ等）を受けたと労働者が判断したため	
□ ……	③　妊娠、出産、育児休業、介護休業等に係る問題（休業等の申出拒否、妊娠、出産、休業等を理由とする不利益取扱い）があったと労働者が判断したため	
□ ……	④　事業所での大規模な人員整理があったことを考慮した離職	
□ ……	⑤　職種転換等に適応することが困難であったため（教育訓練の　有・無）	
□ ……	⑥　事業所移転により通勤困難となった（なる）ため（旧（新）所在地：　　　　）	
○ ……	⑦　その他（理由を具体的に　　　　　　　　　　　　　）	
	（2）労働者の個人的な事情による離職（一身上の都合、転職希望等）	
□ ……	6　その他（1〜5のいずれにも該当しない場合）	
	（理由を具体的に　　　　　　　　　　　　　　　　　　）	

具体的事情記載欄（事業主用）　　転職希望による自己都合退職

⑯

⑯離職者本人の判断（○で囲むこと）
事業主が○を付けた離職理由に異議　　有り・無し

記名押印又は自筆による署名〔離職者氏名〕　加藤　聡　　㊞

様式第5号　　　　雇用保険被保険者離職証明書（安定所提出用）

① 被保険者番号	5678-901234-5	③ フリガナ	ナカムラオサム	④ 離職	年	月	日
② 事業所番号	1111-111111-1	離職者氏名	中村修	年月日 令和	2	3	20

⑤ 名称　株式会社佐藤商事
事業所 所在地　品川区○○1-1-1
電話番号　03-1111-1111

⑥ 離職者の 住所又は居所
〒120-4567
足立区○○5-6-7
電話番号（ 03 ）5678-9012

この証明書の記載は、事実に相違ないことを証明します。
住所　品川区○○1-1-1
事業主　氏名　代表取締役　佐藤清　㊞

※離職票交付 令和　年　月　日
（交付番号　　　　　番）

離受
職領
票印

⑩ ⑨ ⑧
⑪ ⑫

離職の日以前の賃金支払状況等

⑧ 被保険者期間算定対象期間		⑨ ⑧の期間における賃金支払基礎日数	⑩ 賃金支払対象期間	⑪ ⑩の基礎日数	⑫ 賃金額			⑬ 備考
④ 一般被保険者等	⑥ 短期雇用特例被保険者等				Ⓐ	Ⓑ	計	
離職日の翌日 3月21日								
2月21日~ 離職日	離職日	29日	2月21日~ 離職日	29日	220,000			
1月21日~2月20日	月	31日	1月21日~2月20日	31日	220,000			
12月21日~1月20日	月	31日	12月21日~1月20日	31日	220,000			
11月21日~12月20日	月	30日	11月21日~12月20日	30日	220,000			
10月21日~11月20日	月	31日	10月21日~11月20日	31日	220,000			賃金規程 第○条により 1.10.1付で 30,000円減給
9月21日~10月20日	月	30日	9月21日~10月20日	30日	230,000			
8月21日~9月20日	月	31日	8月21日~9月20日	31日	250,000			
7月21日~8月20日	月	31日	7月21日~8月20日	31日	250,000			
6月21日~7月20日	月	30日	6月21日~7月20日	30日	250,000			
5月21日~6月20日	月	31日	5月21日~6月20日	31日	250,000			
4月21日~5月20日	月	30日	4月21日~5月20日	30日	250,000			
3月21日~4月20日	月	31日	3月21日~4月20日	31日	250,000			
月 日~ 月 日		日	月 日~ 月 日	日				

備考欄

⑭ 賃金に関する特記事項

⑮この証明書の記載内容（⑦欄を除く）は相違ないと認めます。
（記名押印又は自筆による署名）
（離職者）
氏名　中村修　㊞

※公共職業安定所記載欄
⑮欄の記載　有・無
⑯欄の記載　有・無
資・聴

本手続きは電子申請による申請も可能です。本手続きについて、電子申請により行う場合には、被保険者が離職証明書の内容について確認したことを証明することができるものを本離職証明書の提出と併せて送信することをもって、当該被保険者の電子署名に代えることができます。
また、本手続きについて、社会保険労務士が電子申請による本届書の提出に関する手続を事業主に代わって行う場合には、当該社会保険労務士が当該事業主の提出代行者であることを証明することができるものを本届書の提出と併せて送信することをもって、当該事業主の電子署名に代えることができます。

社会保険労務士記載欄	作成年月日・提出代行者・事務代理者の表示	氏　名	電話番号		※ 所長	次長	課長	係長	係
		㊞							

184

⑦離職理由欄…事業主の方は、離職者の主たる離職理由が該当する理由を1つ選択し、左の事業主記入欄の□の中に○印を記入の上、下の具体的事情記載欄に具体的事情を記載してください。

【離職理由は所定給付日数・給付制限の有無に影響を与える場合があり、適正に記載してください。】

事業主記入欄	離　　職　　理　　由	※離職区分
□ ……	1　事業所の倒産等によるもの	
□ ……	（1）倒産手続開始、手形取引停止による離職	1 A
□ ……	（2）事業所の廃止又は事業活動停止後事業再開の見込みがないため離職	1 B
	2　定年によるもの	
□ ……	定年による離職（定年　　歳）	
	定年後の継続雇用 { を希望していた（以下のaからcまでのいずれかを1つ選択してください） / を希望していなかった	
□ ……	a　就業規則に定める解雇事由又は退職事由（年齢に係るものを除く。以下同じ。）に該当したため（解雇事由又は退職事由と同一の事由として就業規則又は労使協定に定める「継続雇用しないことができる事由」に該当して離職した場合も含む。）	2 A
□ ……	b　平成25年3月31日以前に労使協定により定めた継続雇用制度の対象となる高年齢者に係る基準に該当しなかったため	2 B
□ ……	c　その他（具体的理由：　　　　　　　　　　　　　　　　　　　）	2 C
	3　労働契約期間満了等によるもの	
□ ……	（1）採用又は定年後の再雇用時等にあらかじめ定められた雇用期限到来による離職	2 D
	（1回の契約期間　　箇月、通算契約期間　　箇月、契約更新回数　　回）	
	（当初の契約締結後に契約期間や更新回数の上限を短縮し、その上限到来による離職に該当　する・しない）	2 E
	（当初の契約締結後に契約期間や更新回数の上限を設け、その上限到来による離職に該当　する・しない）	
	（定年後の再雇用時にあらかじめ定められた雇用期限到来による離職で　ある・ない）	
	（4年6箇月以上5年以下の通算契約期間の上限が定められ、この上限到来による離職で　ある・ない）	
	→ある場合（同一事業所の有期雇用労働者に一律4年6箇月以上5年以下の通算契約期間の上限が平成24年8月10日前から定められて　いた・いなかった）	
□ ……	（2）労働契約期間満了による退職	3 A
	①　下記②以外の労働者	
	（1回の契約期間　　箇月、通算契約期間　　箇月、契約更新回数　　回）	3 B
	（契約を更新又は延長することの確約・合意の　有・無（更新又は延長しない旨の明示の　有・無））	
	（直前の契約更新時に雇止め通知の　有　・　無）	3 C
	（当初の契約締結後に不更新条項の追加が　ある・ない）	
	労働者から契約の更新又は延長 { を希望する旨の申出があった / を希望しない旨の申出があった / の希望に関する申出はなかった	3 D
	②　労働者派遣事業に雇用される派遣労働者のうち常時雇用される労働者以外の者	4 D
	（1回の契約期間　　箇月、通算契約期間　　箇月、契約更新回数　　回）	
	（契約を更新又は延長することの確約・合意の　有・無（更新又は延長しない旨の明示の　有・無））	5 E
	労働者から契約の更新又は延長 { を希望する旨の申出があった / を希望しない旨の申出があった / の希望に関する申出はなかった	
	a　労働者が適用基準に該当する派遣就業の指示を拒否したことによる場合	
	b　事業主が適用基準に該当する派遣就業の指示を行わなかったことによる場合（指示した派遣就業が取りやめになったことによる場合を含む。）	
	（aに該当する場合は、更に下記の5のうち、該当する主たる離職理由を更に1つ選択し、○印を記入してください。該当するものがない場合は下記の6に○印を記入した上、具体的な理由を記載してください。）	
□ ……	（3）早期退職優遇制度、選択定年制度等により離職	
□ ……	（4）移籍出向	
	4　事業主からの働きかけによるもの	
□ ……	（1）解雇（重責解雇を除く。）	
□ ……	（2）重責解雇（労働者の責めに帰すべき重大な理由による解雇）	
	（3）希望退職の募集又は退職勧奨	
□ ……	①　事業の縮小又は一部休廃止に伴う人員整理を行うためのもの	
□ ……	②　その他（理由を具体的に　　　　　　　　　　　　　　　　　）	
	5　労働者の判断によるもの	
	（1）職場における事情による離職	
□ ……	①　労働条件に係る問題（賃金低下、賃金遅配、時間外労働、採用条件との相違等）があったと労働者が判断したため	
□ ……	②　事業主又は他の労働者から就業環境が著しく害されるような言動（故意の排斥、嫌がらせ等）を受けたと労働者が判断したため	
□ ……	③　妊娠、出産、育児休業、介護休業等に係る問題（休業等の申出拒否、妊娠、出産、休業等を理由とする不利益取扱い）があったと労働者が判断したため	
□ ……	④　事業所での大規模な人員整理があったことを考慮した離職	
□ ……	⑤　職種転換等に適応することが困難であったため（教育訓練の　有・無）	
□ ……	⑥　事業所移転により通勤困難となった（なる）ため（旧（新）所在地：　　　　　）	
○ ……	⑦　その他（理由を具体的に　　　　　　　　　　　　　　　　　　　）	
	（2）労働者の個人的な事情による離職（一身上の都合、転職希望等）	
□ ……	6　その他（1－5のいずれにも該当しない場合）	
	（理由を具体的に　　　　　　　　　　　　　　　　　　　　　　　）	

具体的事情記載欄（事業主用）

　　　　　一身上による自己都合退職

⑯離職者本人の判断（○で囲むこと）
　事業主が○を付けた離職理由に異議　有り　(無し)

記名押印又は自筆による署名［離職者氏名］　　中村　修　　　　㊞

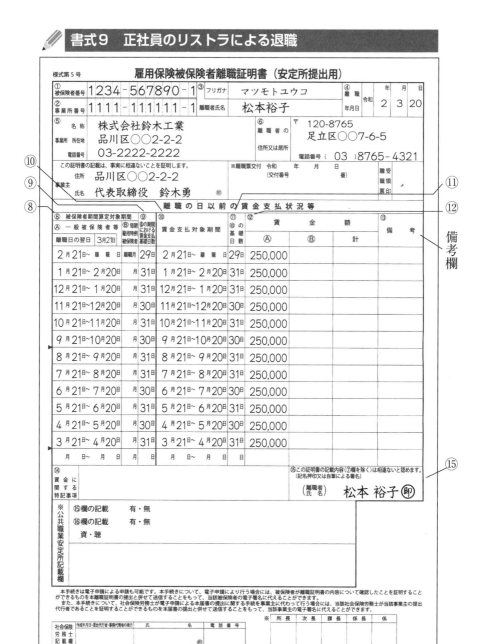

様式第5号　　　　雇用保険被保険者離職証明書（安定所提出用）

① 被保険者番号	1234-567890-1	③ フリガナ	マツモトユウコ	④ 離職年月日	令和	年	月	日
② 事業所番号	1111-111111-1	離職者氏名	松本裕子			2	3	20

⑤ 事業所	名称	株式会社鈴木工業	⑥ 離職者の住所又は居所	〒 120-8765 足立区○○7-6-5
	所在地	品川区○○2-2-2		
	電話番号	03-2222-2222		電話番号（03）8765-4321

この証明書の記載は、事実に相違ないことを証明します。

⑩

⑨

⑧

事業主	住所	品川区○○2-2-2
	氏名	代表取締役　鈴木勇　㊞

※離職票交付　令和　　年　　月　　日
（交付番号　　　　　　番）

離受職領票印　⑪

離職の日以前の賃金支払状況等　⑫

⑧ 被保険者期間算定対象期間		⑨ ⑧の期間における賃金支払基礎日数	⑩ 賃金支払対象期間	⑪ ⑩の基礎日数	⑫ 賃　金　額			⑬ 備　考
④ 一般被保険者等	⑧ 短期雇用特例被保険者				Ⓐ	Ⓑ	計	
離職日の翌日 3月21日								
2月21日~ 離職 日	離職月	29日	2月21日~ 離職 日	29日	250,000			
1月21日~2月20日	月	31日	1月21日~2月20日	31日	250,000			
12月21日~1月20日	月	31日	12月21日~1月20日	31日	250,000			
11月21日~12月20日	月	30日	11月21日~12月20日	30日	250,000			
10月21日~11月20日	月	31日	10月21日~11月20日	31日	250,000			
9月21日~10月20日	月	30日	9月21日~10月20日	30日	250,000			
8月21日~9月20日	月	31日	8月21日~9月20日	31日	250,000			
7月21日~8月20日	月	31日	7月21日~8月20日	31日	250,000			
6月21日~7月20日	月	30日	6月21日~7月20日	30日	250,000			
5月21日~6月20日	月	31日	5月21日~6月20日	31日	250,000			
4月21日~5月20日	月	31日	4月21日~5月20日	31日	250,000			
3月21日~4月20日	月	31日	3月21日~4月20日	31日	250,000			
月 日~ 月 日	月 日		月 日~ 月 日					

備考欄

⑭ 賃金に関する特記事項	⑮この証明書の記載内容（⑦欄を除く）は相違ないと認めます。 （記名押印又は自筆による署名） （離職者氏名）松本 裕子 ㊞	⑮

※公共職業安定所記載欄	⑮欄の記載　有・無 ⑯欄の記載　有・無 　資・聴	

本手続きは電子申請による申請も可能です。本手続きについて、電子申請により行う場合には、被保険者が離職証明書の内容について確認したことを証明することができるものを本離職証明書の提出と併せて送信することをもって、当該被保険者の電子署名に代えることができます。
　また、本手続きについて、社会保険労務士が電子申請による本届書の提出に関する手続を事業主に代わって行う場合には、当該社会保険労務士が当該事業主の提出代行者であることを証明することができるものを本届書の提出と併せて送信することをもって、当該事業主の電子署名に代えることができます。

社会保険労務士記載欄	作成年月日・提出代行者・事務代理者の表示	氏　　　名	電　話　番　号	※ 所長	次長	課長	係長	係
		㊞						

⑦ ⑦離職理由欄…事業主の方は、離職者の主たる離職理由が該当する理由を１つ選択し、左の事業主記入欄の□の中に○印を記入の上、下の具体的事情記載欄に具体的事情を記載してください。

【離職理由は所定給付日数・給付制限の有無に影響を与える場合があり、適正に記載してください。】

事業主記入欄	離 職 理 由	※離職区分
□	**1 事業所の倒産等によるもの** （1）倒産手続開始、手形取引停止による離職	1 A
□	（2）事業所の廃止又は事業活動停止後事業再開の見込みがないため離職	1 B
□	**2 定年によるもの** 定年による離職（定年　　歳） 定年後の継続雇用 { を希望していた（以下のａからｃまでのいずれかを１つ選択してください） 　　　　　　　　　　　　 { を希望していなかった	
	ａ　就業規則に定める解雇事由又は退職事由（年齢に係るものを除く。以下同じ。）に該当したため （解雇事由又は同一の事由として就業規則又は労使協定に定める「継続雇用しないことができる事由」に該当して離職した場合も含む。）	2 A
	ｂ　平成25年３月31日以前に労使協定により定めた継続雇用制度の対象となる高年齢者に係る基準に該当しなかったため	2 B
	ｃ　その他（具体的理由：　　　　　　　　　　　　　　　　　　　　　　　　　　　　　）	2 C
□	**3 労働契約期間満了等によるもの** （1）採用又は定年後の再雇用時等にあらかじめ定められた雇用期限到来による離職 （１回の契約期間　　箇月、通算契約期間　　箇月、契約更新回数　　回） （当初の契約締結後に契約期間や更新回数の上限を短縮し、その上限到来による離職に該当　する・しない） （当初の契約締結後に契約期間や更新回数の上限を設け、その上限到来による離職に該当　する・しない） （定年後の再雇用時にあらかじめ定められた雇用期限到来による離職で　ある・ない） （４年６箇月以上５年以下の通算契約期間の上限が定められ、この上限到来による離職で　ある・ない） →ある場合（同一事業所の有期雇用労働者に一様に４年６箇月以上５年以下の通算契約期間の上限が平成24年８月10日前から定められて　いた・いなかった）	2 D 2 E
□	（2）労働契約期間満了による離職 ①　下記②以外の労働者 （１回の契約期間　　箇月、通算契約期間　　箇月、契約更新回数　　回） （契約を更新又は延長することの確約・合意の　有・無（更新又は延長しない旨の明示の　有・無）） （直前の契約更新時に雇止め通知の　有　・　無） （当初の契約締結後に不更新条項の追加が　ある・ない） 労働者から契約の更新又は延長 { を希望する旨の申出があった 　　　　　　　　　　　　　　　 { を希望しない旨の申出があった 　　　　　　　　　　　　　　　 { の希望に関する申出はなかった	3 A 3 B 3 C 3 D 4 D 5 E
	②　労働者派遣事業に雇用される派遣労働者のうち常時雇用される労働者以外の者 （１回の契約期間　　箇月、通算契約期間　　箇月、契約更新回数　　回） （契約を更新又は延長することの確約・合意の　有・無（更新又は延長しない旨の明示の　有・無）） 労働者から契約の更新又は延長 { を希望する旨の申出があった 　　　　　　　　　　　　　　　 { を希望しない旨の申出があった 　　　　　　　　　　　　　　　 { の希望に関する申出はなかった 　ａ　労働者が適用基準に該当する派遣就業の指示を拒否したことによる場合 　ｂ　事業主が適用基準に該当する派遣就業の指示を行わなかったことによる場合（指示した派遣就業が取りやめになったことによる場合を含む。） （ａに該当する場合は、更に下記の５のうち、該当する主たる離職理由を更に１つ選択し、○印を記入してください。該当するものがない場合は下記の６に○印を記入した上、具体的な理由を記載してください。）	
□	（3）早期退職優遇制度、選択定年制度等により離職	
□	（4）移籍出向	
□	**4 事業主からの働きかけによるもの** （1）解雇（重責解雇を除く。）	
□	（2）重責解雇（労働者の責めに帰すべき重大な理由による解雇）	
	（3）希望退職の募集又は退職勧奨	
○	①　事業の縮小又は一部休廃止に伴う人員整理を行うためのもの	
□	②　その他（理由を具体的に　　　　　　　　　　　　　　　　　　　）	
	5 労働者の判断によるもの （1）職場における事情による離職	
□	①　労働条件に係る問題（賃金低下、賃金遅配、時間外労働、採用条件との相違等）があったと労働者が判断したため	
□	②　事業主又は他の労働者から就業環境が著しく害されるような言動（故意の排斥、嫌がらせ等）を受けたと労働者が判断したため	
□	③　妊娠、出産、育児休業、介護休業等に係る問題（休業等の申出拒否、妊娠、出産、休業等を理由とする不利益取扱い）があったと労働者が判断したため	
□	④　事業所での大規模な人員整理があったことを考慮した離職	
□	⑤　職種転換等に適応することが困難であったため（教育訓練の　有・無）	
□	⑥　事業所移転により通勤困難となった（なる）ため（旧（新）所在地：　　　　　　　）	
□	⑦　その他（理由を具体的に　　　　　　　　　　　　　　　　　）	
□	（2）労働者の個人的な事情による離職（一身上の都合、転職希望等）	
□	**6　その他（１－５のいずれにも該当しない場合）** （理由を具体的に　　　　　　　　　　　　　　　　　　　　）	

具体的事情記載欄（事業主用）

　　経営不振による人員整理のため退職勧奨に応じてもらう。

⑯ ⑯離職者本人の判断（○で囲むこと）
　事業主が○を付けた離職理由に異議　有り・無し
　記名押印又は自筆による署名〔離職者氏名〕　松本　裕子　㊞

9

離職証明書の書き方
（非正規社員の退職）

該当する離職理由について記入欄に印をつける

ケース8　契約期間満了による場合（月給制契約社員）

書式10は、以下のケースで会社の担当者が作成する離職証明書です。

労働形態：大卒30歳中途入社、契約社員（３年勤務）

給与：月給（総支給額）30万円（離職日前３年間変動なし）、残業なし

賞与等：年４回、その他手当なし

給与形態：20日締め、25日支払い

離職日：令和２年３月20日

離職理由：契約期間満了による離職

・書式の作成ポイント

　本ケースでは⑦欄で、「労働契約期間満了による離職」に○をつけます。その上で、該当欄に○をつけ、具体的な記入が必要な箇所については、詳細事項を事実に沿って記します。書式では、12か月契約で２回更新計36か月勤続、契約を更新・延長することの確約・合意もしない旨の明示もなかったが、１年前の契約更新時に今期で雇止めとなる通知はあったとしています。

　また、離職者からは契約の更新・延長を希望する旨の申し出はなかったとしています。

　なお、⑭欄には、毎月決まって支払われる賃金以外の賃金のうち、３か月以内ごとに支払われる賃金がある場合に、賃金の支給日、名称、

支給額を記載します。たとえば、賞与が、1年間に4回以上支給され
ていたとすると、⑭欄の賃金に関する特記事項に、⑧欄記載期間内に
支給されたすべての賞与について記載することになります。なお、こ
の額は、⑫欄には算入されません。

ケース9　時給労働者が雇止めにより会社都合で退職する場合

　書式11は、以下のケースで会社の担当者が作成する離職証明書です。

> 労働形態：高卒30歳中途入社、契約社員（3年勤務）
>
> 給与：時給1,250円（離職日前3年間変動なし）、残業なし
>
> 賞与等：なし、その他手当なし
>
> 給与形態：20日締め、25日支払い
>
> 離職日：令和2年3月20日
>
> 離職理由：雇止めによる会社都合退職

・書式の作成ポイント

　会社から契約を更新しない旨申し出たケースですので、⑦欄では、
「労働契約期間満了による離職」に○をつけるものの、「労働者から契
約の更新又は延長」については希望があったかどうかに応じて○をつ
けることになります。

　しかし、同欄記載内容のように1回以上更新され継続して3年以上
引き続き雇用された場合、離職者の本心としては更新を期待していた
とすると、特定受給資格者（一般の離職者に比べて基本手当の所定給
付日数が多くなる者）に分類される可能性もありますので、判断には
慎重を期してもらいたいところです。また、「具体的事情記載欄」に
は、更新をしなかった理由をできるだけ具体的に記載しておくように
します。

様式第5号

雇用保険被保険者離職証明書（安定所提出用）

① 被保険者番号	4321 - 198765 - 4	③ フリガナ	タカハシコウイチ	④ 離職	年	月	日
② 事業所番号	3333 - 333333 - 3	離職者氏名	高橋浩一	年月日 令和	2	3	20

⑤ 名称	株式会社高橋物流	⑥ 離職者の	〒 120-5432
事業所 所在地	品川区○○3-3-3	住所又は居所	足立区○○4-3-2
電話番号	03-3333-3333		電話番号（ 03 ）5432-1098

この証明書の記載は、事実に相違ないことを証明します。

⑩ ⑨ ⑧ 事業主	住所 品川区○○3-3-3	※離職票交付 令和　年　月　日 （交付番号　　　　　番）	⑪ 離職票印 受領
	氏名 代表取締役 高橋博　㊞		

離職の日以前の賃金支払状況等

⑧ 被保険者期間算定対象期間		⑨ ⑧の期間における賃金支払基礎日数	⑩ 賃金支払対象期間	⑪ ⑩の基礎日数	⑫ 賃金額			⑬ 備考
④ 一般被保険者等	⑤ 短期雇用特例被保険者				Ⓐ	Ⓑ	計	
離職日の翌日 3月21日								
2月21日～ 離職 日	離職月	29日	2月21日～ 離職 日	29日	300,000			
1月21日～ 2月20日	月	31日	1月21日～ 2月20日	31日	300,000			
12月21日～ 1月20日	月	31日	12月21日～ 1月20日	31日	300,000			
11月21日～12月20日	月	30日	11月21日～12月20日	30日	300,000			
10月21日～11月20日	月	31日	10月21日～11月20日	31日	300,000			
9月21日～10月20日	月	30日	9月21日～10月20日	30日	300,000			
8月21日～ 9月20日	月	31日	8月21日～ 9月20日	31日	300,000			
7月21日～ 8月20日	月	31日	7月21日～ 8月20日	31日	300,000			
6月21日～ 7月20日	月	30日	6月21日～ 7月20日	30日	300,000			
5月21日～ 6月20日	月	31日	5月21日～ 6月20日	31日	300,000			
4月21日～ 5月20日	月	30日	4月21日～ 5月20日	30日	300,000			
3月21日～ 4月20日	月	31日	3月21日～ 4月20日	31日	300,000			
月 日～ 月 日	月		月 日～ 月 日					

備考欄

⑭ 賃金に関する特記事項	1.3.25 賞与 100,000円	1.6.25 賞与 100,000円	1.9.25 賞与 100,000円	1.12.25 賞与 100,000円	⑮この証明書の記載内容（⑦欄を除く）は相違ないと認めます。（記名押印又は自筆による署名）（離職者 氏名） 高橋 浩一 ㊞

※ 公共職業安定所記載欄	⑮欄の記載　有・無
	⑯欄の記載　有・無
	資・聴

本手続きは電子申請による申請も可能です。本手続きについて、電子申請により行う場合には、被保険者が離職証明書の内容について確認したことを証明することができるものを本離職証明書の提出と併せて送信することをもって、当該被保険者の電子署名に代えることができます。

また、本手続きについて、社会保険労務士が電子申請による本届書の提出に関する手続を事業主に代わって行う場合には、当該社会保険労務士が当該事業主の提出代行者であることを証明することができるものを本届書の提出と併せて送信することをもって、当該事業主の電子署名に代えることができます。

社会保険労務士記載欄	作成年月日・提出代行者・事務代理者の表示	氏　　　名	電話番号		※	所長	次長	課長	係長	係
		㊞								

190

⑦

⑦離職理由欄…事業主の方は、離職者の主たる離職理由が該当する理由を1つ選択し、左の事業主記入欄の□の中に○印を記入の上、下の具体的事情記載欄に具体的事情を記載してください。

【離職理由は所定給付日数・給付制限の有無に影響を与える場合があり、適正に記載してください。】

事業主記入欄	離 職 理 由	※離職区分
	1　事業所の倒産等によるもの	
□ ………	（1）倒産手続開始、手形取引停止による離職	1 A
□ ………	（2）事業所の廃止又は事業活動停止後事業再開の見込みがないため離職	1 B
	2　定年によるもの	
□ ………	定年による離職（定年　　　歳）	
	定年後の継続雇用 { を希望していた（以下のaからcまでのいずれかを1つ選択してください）／を希望していなかった	2 A
	a　就業規則に定める解雇事由又は退職事由（年齢に係るものを除く。以下同じ。）に該当したため	
	（解雇事由又は退職事由と同一の事由として就業規則又は労使協定に定める「継続雇用しないことができる事由」に該当して離職した場合も含む。）	2 B
	b　平成25年3月31日以前に労使協定により定めた継続雇用制度の対象となる高年齢者に係る基準に該当しなかったため	2 C
	c　その他（具体的理由：	
	）	2 D
	3　労働契約期間満了等によるもの	
□ ………	（1）採用又は定年後の再雇用時等にあらかじめ定められた雇用期限到来による離職	2 E
	（1回の契約期間　　　箇月、通算契約期間　　　箇月、契約更新回数　　　回）	
	（当初の契約締結後に契約期間や更新回数の上限を短縮し、その上限到来による離職に該当　する・しない）	
	（当初の契約締結後に更新回数の上限を設け、その上限到来による離職に該当　する・しない）	
	（定年後の再雇用時にあらかじめ定められた雇用期限到来による離職で　ある・ない）	
	（4年6箇月以上5年以下の通算契約期間の上限が定められ、この上限到来による離職で　ある・ない）	
	ある場合（同一事業所の有期雇用労働者に一率に4年6箇月以上5年以下の通算契約期間の上限が平成24年8月10日前から定められて　いた・いなかった）	
◎ ………	（2）労働契約期間満了による離職	3 A
	①　下記②以外の労働者	3 B
	（1回の契約期間　12　箇月、通算契約期間　36　箇月、契約更新回数　2　回）	
	（契約を更新又は延長することの確約・合意の　有・無（更新又は延長しない旨の明示の　有・(無)））	
	（直前の契約更新時に雇止め通知の　(有)・　無）	
	（当初の契約締結後に不更新条項の追加が　ある・(なし)）	3 C
	{ を希望する旨の申出があった／を希望しない旨の申出があった／（の希望に関する申出はなかった）	
	労働者から契約の更新又は延長	
		3 D
	②　労働者派遣事業に雇用される派遣労働者のうち常時雇用される労働者以外の者	
	（1回の契約期間　　　箇月、通算契約期間　　　箇月、契約更新回数　　　回）	4 D
	（契約を更新又は延長することの確約・合意の　有・無（更新又は延長しない旨の明示の　有・無））	
	{ を希望する旨の申出があった／を希望しない旨の申出があった／の希望に関する申出はなかった	
	労働者から契約の更新又は延長	5 E
	a　労働者が適用基準に該当する派遣就業の指示を拒否したことによる場合	
	b　事業主が適用基準に該当する派遣就業の指示を行わなかったことによる場合（指示した派遣就業が取りやめになったことによる場合を含む。）	
	（aに該当する場合は、更に下記の5のうち、該当する主たる離職理由を更に1つ選択し、○印を記入してください。該当するものがない場合は下記の6に○印を記入した上、具体的な理由を記載してください。）	
□ ………	（3）早期退職優遇制度、選択定年制度等により離職	
□ ………	（4）移籍出向	
	4　事業主からの働きかけによるもの	
□ ………	（1）解雇（重責解雇を除く。）	
□ ………	（2）重責解雇（労働者の責めに帰すべき重大な理由による解雇）	
	（3）希望退職の募集又は退職勧奨	
□ ………	①　事業の縮小又は一部休廃止に伴う人員整理を行うためのもの	
□ ………	②　その他（理由を具体的に　　　　　　　　　　　　　　　　　　）	
	5　労働者の判断によるもの	
	（1）職場における事情による離職	
□ ………	①　労働条件に係る問題（賃金低下、賃金遅配、時間外労働、採用条件との相違等）があったと労働者が判断したため	
□ ………	②　事業主又は他の労働者から就業環境が著しく害されるような言動（故意の排斥、嫌がらせ等）を受けたと労働者が判断したため	
□ ………	③　妊娠、出産、育児休業、介護休業等に係る問題（休業等の申出拒否、妊娠、出産、休業等を理由とする不利益取扱い）があったと労働者が判断したため	
□ ………	④　事業所での大規模な人員整理があったことを考慮した離職	
□ ………	⑤　職種転換等に適応することが困難であったため（教育訓練の　有・無）	
□ ………	⑥　事業所移転により通勤困難となった（なる）ため（旧（新）所在地：　　　　　　　　）	
□ ………	⑦　その他（理由を具体的に　　　　　　　　　　　　　　　　　　　）	
□ ………	（2）労働者の個人的な事情による離職（一身上の都合、転職希望等）	
□ ………	6　その他（1〜5のいずれにも該当しない場合）	
	（理由を具体的に　　　　　　　　　　　　　　　　　　　　　　）	

具体的事情記載欄（事業主用）
契約期間満了による離職。

⑯

⑯離職者本人の判断（○で囲むこと）
事業主が○を付けた離職理由に異議　有り　(無し)

記名押印又は自筆による署名（離職者氏名）　高橋　浩一　　㊞

書式11　時給労働者の雇止めによる会社都合退職

様式第5号

雇用保険被保険者離職証明書（安定所提出用）

①被保険者番号	1234-321098-9	③フリガナ	サイトウキョウコ	④離職年月日	令和 2 3 20
②事業所番号	3333-333333-3	離職者氏名	斎藤京子		

⑤ 名称	株式会社高橋物流
事業所 所在地	品川区○○3-3-3
電話番号	03-3333-3333

| ⑥離職者の 住所又は居所 | 〒120-0198 足立区○○1-3-5 |
| | 電話番号（03）1098-7654 |

この証明書の記載は、事実に相違ないことを証明します。

※離職票交付　令和　年　月　日
（交付番号　　　　　　番）

| ⑩ | 事業主 | 住所 | 品川区○○3-3-3 |
| ⑨ | | 氏名 | 代表取締役　高橋博　㊞ |

⑪離受
職領
票印

⑧ | ⑦ 離職の日以前の賃金支払状況等

⑧被保険者期間算定対象期間		⑨⑧の期間における賃金支払基礎日数	⑩賃金支払対象期間	⑩⑪の基礎日数	⑫賃　金　額			⑬備考
④一般被保険者等	⑧短期雇用特例被保険者				Ⓐ	Ⓑ	計	
離職日の翌日 3月21日	月 日							
2月21日~離職日	離職月	19日	2月21日~離職日	19日		190,000		
1月21日~2月20日	月	22日	1月21日~2月20日	22日		220,000		
12月21日~1月20日	月	15日	12月21日~1月20日	15日		150,000		
11月21日~12月20日	月	21日	11月21日~12月20日	21日		210,000		
10月21日~11月20日	月	22日	10月21日~11月20日	22日		220,000		
9月21日~10月20日	月	20日	9月21日~10月20日	20日		200,000		
8月21日~9月20日	月	22日	8月21日~9月20日	22日		220,000		
7月21日~8月20日	月	21日	7月21日~8月20日	21日		210,000		
6月21日~7月20日	月	21日	6月21日~7月20日	21日		210,000		
5月21日~6月20日	月	23日	5月21日~6月20日	23日		230,000		
4月21日~5月20日	月	17日	4月21日~5月20日	17日		170,000		
3月21日~4月20日	月	23日	3月21日~4月20日	23日		230,000		
月 日~月 日	月 日		月 日~月 日	日				

⑭賃金に関する特記事項	

⑮この証明書の記載内容（⑦欄を除く）は相違ないと認めます。
（記名押印又は自筆による署名）
（離職者氏名）　斎藤京子㊞

※公共職業安定所記載欄	⑮欄の記載　有・無
	⑯欄の記載　有・無
	資・聴

⑫

⑮

備考欄

本手続きは電子申請による申請も可能です。本手続きについて、電子申請により行う場合には、被保険者が離職証明書の内容について確認したことを証明することができるものを離職証明書の提出と併せて送信することをもって、当該被保険者の電子署名に代えることができます。
　また、本手続きについて、社会保険労務士が電子申請による本届書の提出に関する手続を事業主に代わって行う場合には、当該社会保険労務士が当該事業主の提出代行者であることを証明することができるものを本届書の提出と併せて送信することをもって、当該事業主の電子署名に代えることができます。

社会保険労務士記載欄	作成年月日・提出代行者・事務代理者の表示	氏　　名	電話番号		※	所長	次長	課長	係長	係
			㊞							

⑦ 離職理由欄…事業主の方は、離職者の主たる離職理由が該当する理由を1つ選択し、左の事業主記入欄の□の中に○印を記入の上、下の具体的事情記載欄に具体的事情を記載してください。

【離職理由は所定給付日数・給付制限の有無に影響を与える場合があり、適正に記載してください。】

事業主記入欄	離　職　理　由	※離職区分
□ ………	1　事業所の倒産等によるもの （1）倒産手続開始、手形取引停止による離職	1 A
□ ………	（2）事業所の廃止又は事業活動停止後事業再開の見込みがないため離職	1 B
□ ………	2　定年によるもの 定年による離職（定年　　歳）	
	定年後の継続雇用 ｛ を希望していた（以下のaからcまでのいずれかを1つ選択してください） 　　　　　　　　　　を希望していなかった	
	a　就業規則に定める解雇事由又は退職事由（年齢に係るものを除く。以下同じ。）に該当したため 　　　　　（解雇事由又は退職事由と同一の事由として就業規則又は労使協定に定める「継続雇用しないことができる事由」に該当して離職した場合も含む。）	2 A
	b　平成25年3月31日以前に労使協定により定めた継続雇用制度の対象となる高年齢者に係る基準に該当しなかったため	2 B
	c　その他（具体的理由：	2 C
	3　労働契約期間満了等によるもの	
□ ………	（1）採用又は定年後の再雇用時等にあらかじめ定められた雇用期限到来による離職 　　（1回の契約期間　　箇月、通算契約期間　　箇月、契約更新回数　　回） 　　（当初の契約締結後に契約期間や更新回数の上限を短縮し、その上限到来による離職に該当　する・しない） 　　（当初の契約締結後に契約期間や更新回数の上限を設け、その上限到来による離職に該当　する・しない） 　　（定年後の再雇用時にあらかじめ定められた雇用期限到来による離職で　ある・ない） 　　（4年6箇月以上5年以下の通算契約期間の上限が定められ、この上限到来による離職で　ある・ない） 　　　→当該事業所の有期雇用労働者に一様に4年6箇月以上5年以下の通算契約期間の上限が平成24年8月10日前から定められて　いた・いなかった）	2 D
		2 E
○ ………	（2）労働契約期間満了によるもの 　　①　下記②以外の労働者 　　　（1回の契約期間 12 箇月、通算契約期間 36 箇月、契約更新回数 2 回） 　　　（契約を更新又は延長することの確約・合意の　有・無 （更新又は延長しない旨の明示の　有・無）） 　　　（直前の契約更新時に雇止め通知の 有 ・ 無 ） 　　　（当初の契約締結後に不更新条項の追加が ある ・ ない ） 　　　　　　　　　　　　　　　　　　　　　　　を希望する旨の申出があった 　　　労働者から契約の更新又は延長 ｛ を希望しない旨の申出があった 　　　　　　　　　　　　　　　　　　　　　　　の希望に関する申出はなかった	3 A
		3 B
		3 C
	②　労働者派遣事業に雇用される派遣労働者のうち常時雇用される労働者以外の者 　　（1回の契約期間　　箇月、通算契約期間　　箇月、契約更新回数　　回） 　　（契約を更新又は延長することの確約・合意の　有・無 （更新又は延長しない旨の明示の　有・無）） 　　　　　　　　　　　　　　　　　　　　　　を希望する旨の申出があった 　　労働者から契約の更新又は延長 ｛ を希望しない旨の申出があった 　　　　　　　　　　　　　　　　　　　　　　の希望に関する申出はなかった	3 D
		4 D
	a　労働者が適用基準に該当する派遣就業の指示を拒否したことによる場合 　　b　事業主が適用基準に該当する派遣就業の指示を行わなかったことによる場合（指示した派遣就業が取りやめになったことによる場合を含む。） 　　（aに該当する場合は、更に下記の5のうち、該当する主たる離職理由を更に1つ選択し、○印を記入してください。該当するものがない場合は下記の6に○印を記入した上、具体的な理由を記載してください。）	5 E
□ ………	（3）早期退職優遇制度、選択定年制度等により離職	
□ ………	（4）移籍出向	
	4　事業主からの働きかけによるもの	
□ ………	（1）解雇（重責解雇を除く。）	
□ ………	（2）重責解雇（労働者の責めに帰すべき重大な理由による解雇）	
□ ………	（3）希望退職の募集又は退職勧奨	
□ ………	①　事業の縮小又は一部休廃止に伴う人員整理を行うためのもの	
□ ………	②　その他（理由を具体的に　　　　　　　　　　　　　　　）	
	5　労働者の判断によるもの （1）職場における事情による離職	
□ ………	①　労働条件に係る問題（賃金低下、賃金遅配、時間外労働、採用条件との相違等）があったと 　　労働者が判断したため	
□ ………	②　事業主又は他の労働者から就業環境が著しく害されるような言動（故意の排斥、嫌がらせ等）を 　　受けたと労働者が判断したため	
□ ………	③　妊娠、出産、育児休業、介護休業等に係る問題（休業の申出拒否、妊娠、出産、休業等を理由とする 　　不利益取扱い）があったと労働者が判断したため	
□ ………	④　事業所での大規模な人員整理があったことを考慮した離職	
□ ………	⑤　職種転換等に適応することが困難であったため（教育訓練の　有・無）	
□ ………	⑥　事業所移転により通勤困難となった（なる）ため（旧（新）所在地： 　　　）	
□ ………	⑦　その他（理由を具体的に　　　　　　　　　　　　　　　）	
	（2）労働者の個人的な事情による離職（一身上の都合、転職希望等）	
□ ………	6　その他（1-5のいずれにも該当しない場合） （理由を具体的に　　　　　　　　　　　　　　　）	

具体的事情記載欄（事業主用）
経営悪化により次回更新せず。

⑯離職者本人の判断（○で囲むこと）
事業主が○を付けた離職理由に異議　有り・無し

記名押印又は自筆による署名〔離職者氏名〕　斎藤京子　㊞

Column

「退職願」と「退職届」は違う？

　退職の申入れは口頭でもかまいません。ただ、後々トラブルになることも考えられますので、社長（代表取締役）や上司宛に退職届や退職願といった文書を出すのがよいでしょう。法的には文書の様式に関する規定はありませんが、就業規則などの社内規程で退職申入れの方法が決められている会社もありますので、その場合にはその規定に従います。

　注意したいのが「退職願」と「退職届」の違いです。退職願と退職届を同じものと考えている人もいるかもしれませんが、退職願は「退職を願い出て会社に伺う」、退職届には「退職する意思を届け出る」といった意味がある点で両者は異なります。この違いが表れるのが提出した書面の撤回の可否です。たとえば、転職しようと思って上司に「退職願」を出し、受理されたものの、事情が変わってやはり「退職願」を撤回したいという場合はどうなるのでしょうか。この場合、使用者が「退職願」の撤回に同意すれば、いつでも撤回できます。使用者が撤回に同意してくれない場合であっても、退職願は雇用関係を終了させるための申込みにすぎませんから、使用者の承諾（会社としての承諾）前であれば撤回できます。このような場合には、まず、上司に事情を話し、「退職願」の撤回が可能かどうかを確認することになります。

　一方、「退職届」を提出していた場合にはどうなるのでしょうか。この場合は、会社側に退職を願い出るわけではないため、退職することについて会社の同意を得る必要はありません。そのため、使用者側に労働者の意思が伝わった時点で、労働者の退職する意思が確定してしまいます。使用者側に意思が伝わってから2週間後に契約終了の効力が生じることになり、もはや撤回はできません。このように、「退職願」と「退職届」の効力は、似て非なるものですから、違いをよく知っておく必要があるでしょう。

第7章

解雇や退職以外の
休業制度を活用する場合

1 休業とはどのような制度なのか知っておこう

解雇を考える前に休業制度を利用する

■ 休業を利用する場合とは

　会社の経営が悪化し、労働者が出勤してきてもやってもらう仕事がなければ、労働者を解雇することも考えなければなりません。しかし、会社の経営が悪化している原因を考え、回復の見込みがあるのであれば、いったん労働者を休業させ、回復したときに復帰させるということも選択肢のひとつになり得ます。

　このように休業とは、労働基準法をはじめとする法律の規定に基づき、業務に就くことを免除または禁止することを指します。休業には、使用者の都合による休業と労働者の都合による休業に分けられますが、労働基準法では、使用者の責に帰すべき事由による休業について定めており、会社都合によって労働者を休業させる場合には、平均賃金の100分の60以上の手当（休業手当）の支払を義務付けています。このように会社都合で休業させた場合で一定の条件に該当すると雇用調整助成金（226ページ）を受給できる場合があるため、積極的に活用するとよいでしょう。

■ 休職とは

　一方、休業と似たような言葉に休職という言葉があります。休職とは、労働者に労務提供を不適当または不能とする事由がある場合に、使用者が労働契約を維持した状態のまま、業務に就くことを免除または禁止することをいいます。休職は、休業と異なり法律で明確に定めているわけではありません。休職には、事由によって、私傷病による病気休職、私事による自己都合休職、会社が出向などを命ずる出向休

職などがあります。

　企業内の休職制度の導入は、休職が法律の根拠に基づくものでないことから、企業が人事管理のために比較的自由に創設することができます。つまり、休職制度を設けるかどうかも含めて企業が自由に決めることができます。休職中の賃金支払について、就業規則で賃金の支払をしないと規定すれば、賃金の支払義務はありません。

■ 会社側の事情による休職・休業

　会社側の事情によるものとしては、①労働災害による休業、②業務の停止による休業（経営上の事情による操業停止など）、③業務命令による休職があります。③の休職は、出向・研修などを命じる場合（出向休職）、就業規則違反をした者に懲戒を加える場合（懲戒休職）、刑事事件を起こして起訴された場合（起訴休職）などがあります。

　会社側の事情による場合には、休業期間中、会社が労働者に賃金を支払うかどうかを十分に検討する必要があります。まず、会社側に責任がない事情で、会社が休業に追い込まれた場合には、原則として会社は労働者に賃金を支払う必要はありません（ノーワークノーペイの原則）。ただし、会社側に責任がないというためには、不可抗力によるものであって、会社側が最大限の努力を尽くしても休業以外の選択肢がなかったことが必要になります。

　その一方、会社側の事情で労働者が休業せざるを得なくなった場合には、休業期間中は、会社が労働者に対して平均賃金の100分の60以上の額の休業手当を支払う必要があります。

　さらに、専ら会社側に休業の責任がある場合には、会社が労働者に対して賃金の全額を支払う必要があります。

2 使用者の事情による休業制度にはどんなものがあるのか

■ 休業には様々な理由がある

　労働者の休業の理由は様々です。まず、①私生活上のケガなどにより労働者の都合で自主休業をする場合があります。②不況などにより資金繰りや生産活動などに支障が生じ、会社側の都合で労働者全員または一部の労働者を休業させる場合もあります。③労働者が業務遂行中にケガをするなどの労働災害により休業する場合もあります。また、④自然災害により会社が直接被害を受け、会社側が最大限努力しても労働者を休業させざるを得ないような場合など、不可抗力により休業を余儀なくされる場合もあります。

■ 賃金等の支払いはどうなるのか

　休業中に賃金等を支払う必要があるかどうかは、休業の理由によって異なります。

　①私生活上のケガなどにより労働者の都合で自主休業をする場合など、労働者の都合により休業した場合は、労務の提供がない以上、賃金を支払う必要はありません。

　他方、②不況などにより資金繰りや生産活動などに支障が生じ、会社側の都合で労働者全員または一部の労働者を休業させる場合、平均賃金の6割以上の休業手当を支払わなければなりません。さらに、会社が不正行為により営業停止処分を受けた場合のように、主に会社の責に帰すべき事由による休業といえる場合には、休業中の賃金全額を支払う義務があります。

　③労働者が業務遂行中にケガをするなどの労働災害により休業する

198

場合、労災保険給付により休業補償が行われます。労災保険給付が行われた部分については、会社は補償責任を免れます。ただし、会社側の安全配慮義務違反や使用者責任が認められる場合には、休業中の賃金相当額の全額について損害賠償責任を負うことになります。

また、④自然災害により会社が直接被害を受け、会社側が最大限努力しても労働者を休業させざるを得ないような場合など、不可抗力により休業を余儀なくされる場合も考えられます。この場合、使用者の責に帰すべき事由による休業ではありませんので、休業手当を支払う義務はありません。

そもそも、不可抗力とは、①その原因が事業の外部より発生した事故であること、②事業主が通常の経営者として最大の注意を尽くしてもなお避けることのできない事故であることの2つの要件を満たすものでなければならないと考えられています。②については、自宅勤務（テレワーク）で業務に就かせることができるような場合など、会社側が休業しないように最大限努力しているかどうか休業回避のための具体的努力を総合的に勘案し判断されます。最善の努力をしていないと判断される場合には、休業手当の支払が必要になる可能性があります。

■ 法定以上の手当を支給することもできる

法令に基づく結論としては以上のとおりですが、労働者の生活に配慮し、就業規則や労働契約などにおいて、より労働者を保護する内容の規定を定めることはできます。たとえば、労働者が私生活上のケガなどで休業した場合でも、月給制や年俸制により支給する賃金を減額しないことができます。また、使用者の責に帰すべき事由により休業させた場合の休業手当について、平均賃金の6割を超える金額を支給することもできます。さらに、使用者の責に帰すべき事由によらない休業については、休業手当を支払う法的義務はありませんが、任意に手当を支給することもできます。

他方、本来であれば賃金や休業手当の支払義務があるにもかかわらず、不支給とする合意は労働基準法に反するものとして原則として無効になります。

勤務時間の短い日の休業手当はどうなるのか

　土曜日を勤務日としている企業でも、土曜日は平日と異なり勤務時間を短く設定している企業があります。使用者の責に帰すべき事由による休業の場合は、休業日の勤務時間にかかわらず、平均賃金の60%以上の休業手当を労働者に支払う必要があります。平均賃金をベースに算定されますので、勤務時間が短い日であるからといって、その日についてだけ休業手当が少なくなるわけではありません。

　なお、会社の不正行為により営業停止処分を受けた場合など、休業することについてもっぱら企業側に責任がある場合には、賃金の全額を労働者に支払う必要があります。

休業期間はどのように設定すればよいのか

　不可抗力による休業の場合、企業側に休業手当を支払う義務はありませんが、不必要に長い休業期間となった場合は、必要な休業期間を超える部分については、使用者の責に帰すべき事由による休業となり、休業手当を支払う義務が生じます。

　他方、使用者の責に帰すべき事由による休業の場合、企業側に休業手当を支払う義務がありますが、労働者が不必要に長い期間の休業をした場合は、必要な休業期間を超える部分については、休業手当の支払いを受けることはできません。

　会社としては、休業の理由に応じて適切な休業期間となるように注意しなければなりません。

■ 有給休暇との関係は

　休業させようとした日に、労働者が有給休暇を取得していた場合には、有給休暇の方が優先します。有給休暇の申請の方が早ければ、その後に労働者に対して休業を命じたとしても意味はありません。休業命令を出す際には、ムダな混乱が生じることを避けるために、あらかじめ有給休暇の取得の有無を調べておくべきでしょう。なお、休業命令が先に出ている場合は有給休暇の請求を拒否することができますが、有給休暇の取得を認めることもできます。

■ 労災保険による休業補償

　労働災害による休業の場合、労働者の申請により労災認定がされれば、労災保険給付として休業補償を受けることができます。受給期間は休業４日目以降であり、最初の３日間は支給されません。受給額は、給付基礎日額（原則として平均賃金と同じ）の８割です。休業補償給付６割に加えて休業特別支給金２割が支給されます。

■ 休業中の賃金等の支払い ･････････････････････････････

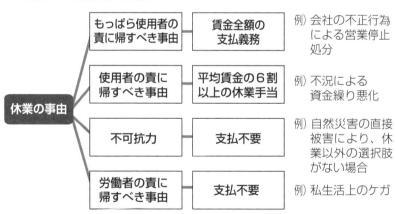

新型ウイルスによる感染拡大の関係で従業員を会社都合で休ませると休業補償の支払いが必要になるのでしょうか。休業期間中の副業と休業補償の支払いの関係を教えてください。

 ①　新型ウイルスによる感染拡大によって会社を休業する場合の休業手当の有無について、②休業期間中の副業所得と休業手当の関係について、分けて説明をします。

① 　新型ウイルスによる感染拡大を理由に休業させる場合の休業手当の有無について

　休業手当については、198ページに記載していますが、「使用者の責に帰すべき事由」による休業にあたれば、会社に休業手当の支払義務が生じます。

　新型ウイルスによる感染拡大を防ぐために、従業員がウイルスに感染し休業させざるを得ない場合には、個別に判断する必要があります。感染症法に基づいて都道府県知事が感染者の就業制限を行う場合（感染症法18条）には、一般的には「使用者の責に帰すべき事由」による休業にはあたりませんので、休業手当は不要です。なお、健康保険に加入している場合は、従業員は傷病手当金を受給することができます。他方、行政の権限行使がない場合は、個別具体的な事情に応じて休業手当が必要かどうかが異なると考えられます。たとえ症状などから発病が疑われる従業員に対して休業を命じる場合でも、使用者として最善の努力をすればテレワークなどで休業を回避できるにもかかわらず、それをせず休業を命じた場合には、「使用者の責に帰すべき事由」による休業にあたり、休業手当の支払いが必要です。

　休業手当の支払いについては、パート労働者、有期雇用契約者なども含まれます。また、新卒の内定者についても、雇用契約は成立していると考えられるため、入社から休業させる場合においても休業手当

の支給対象に含まれます。

② 休業期間中の副業所得と休業手当の関係について

「使用者の責に帰すべき事由」による休業の場合、労働基準法では平均賃金の100分の60以上の休業手当の支払いを義務付けています。そのため、副業で所得があったとしても、本業の平均賃金の6割以上の休業手当を支給する必要があります。その一方で、平均賃金の6割を超える休業手当を支給をしていた場合には、6割を超える部分について副業の所得と調整することは可能です。たとえば、平均賃金の8割を支給していた場合には、6割との差である2割については副業の所得の兼ね合いを考慮して支給しないとすることができます。

もっとも、休業手当と副業の所得との調整については、従業員の生活にも配慮して、十分に話し合った上で検討するのがよいでしょう。

■ 休業手当の支払いが必要な場合 ……………………………………

休業手当の支払いは必要か	使用者に帰責性あり	必要	例）テレワークなどで休業を回避できるのに休業を命じた場合
	使用者に帰責性なし	不要	例）都道府県知事の感染者の就業制限があった場合

休業手当から副業所得を差し引くことはできるか	平均賃金の6割に相当する部分	副業所得を差し引くことができない
	平均賃金の6割を超える部分	副業所得を差し引くことができる

3 事業の停止による休業制度について知っておこう

災害により休業するケースもある

■ 経営不振などによる事業停止による休業

　労働基準法26条は、使用者の責任による休業の場合、使用者は休業期間中、当該労働者に対し、その平均賃金の60%以上の手当を支払わなければならないと規定しています。これを休業手当といいます。丸1日の休業だけでなく1日の所定労働時間の一部だけの休業も含まれます。休業手当支払義務が発生する休業理由として、一般的には、①工場の焼失、②機械の故障・検査、③原材料不足、④流通機構の停滞による資材入手難、⑤監督官庁の勧告による操業停止などが挙げられます。

　休業について企業側に「責めに帰すべき事由」（責任をもたなければならない理由）がある場合、企業は労働者に対して賃金の全額を支払う必要があります。休業について企業側に「責めに帰すべき事由」がなければ、企業は労働者に対して賃金の全額を支払う必要はありません。しかし、企業側に「責めに帰すべき事由」がないとしても、「企業の支配領域内で起こったこと」を原因として企業が休業する場合には、企業は労働者に対して休業手当を支払う必要があります。

　経営不振による休業は、企業の側に「責めに帰すべき事由」があるわけではありませんが、「企業の支配領域内」で起こったことですので、企業は労働者に対して休業手当を支払う必要があります。

　なお、一時帰休（212ページ）による休業の場合も、休業の原因が「企業の支配領域内で起こったこと」であれば、企業は労働者に休業手当を支払う必要があります。

地震などの天変地異による休業

　地震や台風などの天変地異によって休業を余儀なくされた場合には、企業は労働者に対して賃金や休業手当を支払う必要はありません。企業に休業の責任がまったくないからです。

　天変地異によって企業が休業することは不可抗力による休業だといえます。そのため、原則として企業は休業中に労働者に対して賃金や休業手当を支払う必要はありません。

ストライキによる休業

　ストライキ（争議行為）には、労働者全員が参加するものと、労働者の一部が参加する「部分スト」あるいは「一部スト」があります。まず、賃金については、労働者全員がストライキを起こしたことで職場全体の活動ができなくなったという場合には、企業側は労働者に対して賃金の全額を支払う必要はありません。

　一部の労働者がストライキを起こし、他の労働者が休業を余儀なくされた場合には、ストライキに参加しなかった労働者に対しては、企業は平均賃金の60%以上の休業手当を支払う必要があります。ただし、ストライキに参加しなかった労働者のうち、ストライキに参加した労働者と同じ労働組合に所属している者に対しては、企業は休業手当を支払う必要はありません。また、ストライキにより企業側に起因する経営、管理上の障害によって休業を余儀なくされたとは評価されない場合についても休業手当を支払う必要はありません。

　なお、ストライキが行われていた期間については、賞与や退職金算定の基準となる期間には含まれません。また、年休を与えるかどうかの判断の際にも、ストライキが行われていた期間については、労働日から除外して考えます。

4 業務災害による休業制度について知っておこう

解雇が可能な場合もある

■ 休業期間中の賃金などはどうなるのか

業務災害とは、労働者が仕事をする過程で負傷・死亡することをいいます。業務災害が生じたことについて企業側に落ち度がある場合には、企業は労働者に対して損害賠償をする必要があります。また、業務災害について企業側に落ち度がなかった場合にも、労働者は労災保険制度により補償を受けることができます。

労災保険給付の種類は様々ですが、労働者に対しては、治療のための費用については療養補償給付、療養のために仕事をする事ができず給料をもらえない場合の補償については休業補償給付、治療完了後に一定の障害が残った場合については障害補償給付の給付が行われます。業務災害が生じた際に、企業側に落ち度がなく損害賠償責任がない場合には、労働者には労災保険制度による補償がなされるだけです。

これに対して企業側に落ち度があり、損害賠償責任がある場合には、労災保険でカバーされない損害について、企業は労働者に対して賠償をする必要があります。

具体的には、企業は、休業により労働者が得ることができなかった賃金のうち、労災保険給付でカバーされなかった部分について、損害賠償として労働者に支払わなければなりません。また、労働者に後遺症が残った場合には、後遺障害がなければ将来得ることができた収入（逸失利益）についても企業は損害賠償金を支払う必要があります。さらに、精神的な損害に対する補償である慰謝料についても、企業が負担することになります。これらの他にも、労災保険給付でカバーされない損害があれば、企業の負担となります。

■ 年次有給休暇の取扱いについて

　業務災害に遭った場合も、年次有給休暇を取得することはできます。業務災害の場合は、労災保険給付により休業補償を受けることができます。しかし、年次有給休暇であれば、賃金の満額を受け取ることができますので、年次有給休暇を取得した方が労働者に有利な場合があります。

■ 休業期間を超えると業務災害とは認められない場合もある

　当初は業務災害と認められていた場合でも、その後に休業期間が長期化した場合には、業務災害と認められなくなるケースがあります。業務が原因となった休業かどうかは、労働者が雇用者の支配下にある状態で起こった事件や事故が原因となっているかどうかによって決まります。雇用者の支配下で業務遂行中に起こったことが休業の原因となっていれば、業務災害として休業が認められます。

　しかし、業務災害によって休業を余儀なくされたものの、状況からして休業期間が長すぎるという場合には、ある時点からは業務災害による休業とは認められなくなります。たとえば、業務災害にあってから１週間程度で復帰できるはずであったにもかかわらず、労働者の精神的な問題によって休業期間が２年以上に及んだという場合には、２

■ 業務災害についての休業制度のまとめ ……………………………

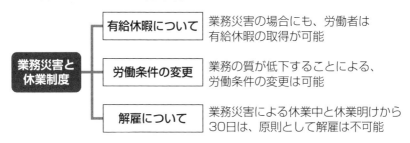

業務災害と休業制度

有給休暇について　業務災害の場合にも、労働者は有給休暇の取得が可能

労働条件の変更　業務の質が低下することによる、労働条件の変更は可能

解雇について　業務災害による休業中と休業明けから30日は、原則として解雇は不可能

年間の休業すべてが業務災害を原因とするものであるとは認められない可能性が高いといえます。

労働条件の変更

　労働者が休業期間を終えて業務に復帰する場合、原則としては休業前の労働条件で労働者を雇用し続ける必要があります。労働者の復職後の労働条件について、休業したことのみを理由として、従来の労働条件を変更することはできません。

　ただし、復職後の業務の質が低下している場合には、それを理由として労働条件の変更や、配置転換などの人事異動を行うことは可能です。復帰後に配置転換を行い、それに伴って労働条件を変更するということは可能です。

解雇の制限

　企業側から労働者を解雇することに対しては、様々な法規制がなされています。労働者が業務災害によって働けなくなった場合、「療養のために休業する期間」と「その休業期間が終了してから30日間」は、企業は業務災害にあった労働者を解雇することはできません。療養のため休業する期間には、全日休業している場合だけでなく、一部休業している場合も含まれます。つまり、仕事の一部を休業し治療のため通院を行っている期間については、療養するため休業する期間に含まれます。ただし、治癒（症状固定）後の通院期間中は療養のため休業する期間に含まれません。

　ただし、上記の期間中であっても、療養開始後3年を経過しても負傷・疾病が治らない場合は、平均賃金の1200日分の打切補償を支払えば、解雇することができます。また、自然災害などのやむを得ない事由のために事業の継続が不可能となった場合も解雇することができます。

5 その他どんな場合に休業が問題となるのか

セクハラやパワハラも想定する必要がある

■ 採用内定者や試用期間中の者の法的な位置付け

　試用期間中の労働者を本採用したくないというケースでは、試用期間中に初めてわかったという事情があり、試用期間終了後も継続して雇用することが適当ではないという場合に、企業側は労働者の本採用を拒否することができます。

　試用期間中の労働者に対しては、試用期間中であっても賃金を支払う必要があります。そのため、試用期間中の労働者が本採用されない場合でも、賃金や休業手当を支払わなければなりません。

　たとえば、試用期間中に会社が、「この労働者はうちの会社に合わない」と考えて労働者に対して休業を命じるケースもありますが、この場合でも休業手当を支払う必要があります。

　採用内定の通知をした者への対処も同様です。採用内定を出した時点ではわからなかった事情が判明し、採用内定を取り消すことに合理的な理由がある場合に企業は解約権を行使することができます。また、採用内定の場合も、労働者が入社して勤務し始めた日以降は、休業することについて、会社の責任の程度に応じて、賃金や休業手当を支払う必要があります。

■ 非行や違法行為の疑いのある従業員について

　企業の秩序を乱す行為（就業規則に違反する行為など）を非行といいます。また、法律に違反する行為のことを違法行為といいます。非行や違法行為を行った疑いのある従業員に対しては、自宅待機を命じることが可能です。

企業としては、非行や違法行為を行った可能性のある労働者をそれまで通り働かせ続けることはできません。調査を行い、事実関係が明確になるまでは、労働者に対しては自宅待機を命じます。

　労働者に対して自宅待機を命じた場合に、労働者の非行や違法行為の内容が悪質であるためにその労働者が職場にいることで職場が混乱するような場合には、企業は労働者に対して賃金も休業手当も支払う必要はありません。このような場合、休業の責任は完全に労働者側にあるので、企業側に賃金や休業手当の支払義務は生じません。

　また、調査を円滑に行うために労働者に自宅待機を命じたという場合は、企業は労働者に対して休業手当を支払う必要があります。この場合は、企業の支配領域内で起こった事情により労働者は休業しているといえるからです。

■ 違法行為をした従業員を解雇する場合の処理

　従業員が非行や違法行為を行っていた場合、企業はその従業員を解雇するというケースがあります。

　即時解雇の要件を満たしている懲戒解雇を行うのであれば、即時の解雇が可能です（58ページ）。しかし、それ以外の懲戒解雇や通常の解雇を行う場合には、原則として解雇をする日の30日前に解雇の予告をするか、30日分の解雇予告手当を支払う必要があります。ただし、解雇の30日前に解雇予告を行った場合、解雇をするまでの30日間について会社が従業員に対して休業を命じることが考えられます。この30日間について、会社が休業手当を支払う必要があるかどうかは、休業に対して会社がどの程度責任を負っているかによって決まります。

■ 健康面に問題のある従業員について

　企業は、労働者に対して定期的に健康診断を実施する必要があります。健康診断の結果により、労働者に健康上の問題があることが判明

した場合には、企業が労働者に対して休業を命じるというケースがあります。

　この場合も、休業に対して企業にどの程度の責任があるかによって、休業手当を支払う必要があるかどうかが変わってきます。たとえば、健康診断の結果、もっと詳しく精密検査を行う必要があるということになった場合には、精密検査に伴う休業は労働者側に責任がある事柄だといえます。そのため、企業側は賃金も休業手当も支払う必要はありません。

■ セクハラやパワハラの被害を受けて体調の悪い社員について

　セクハラやパワハラが行われた場合、被害にあった従業員に対して企業が休業を命じることも考えられます。企業には職場環境を整備し、セクハラやパワハラを防止するための措置を講じる義務がありますが、現実にセクハラやパワハラが行われたということは、企業はその義務を果たしていなかったことになります。そのため、被害にあった従業員に休業を命じた場合でも、休業期間中の賃金について、企業は損害賠償として従業員に支払う必要があります。

■ 休業手当の支払いが問題となる様々なケース ……………………

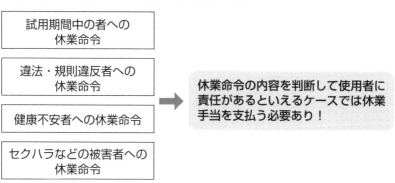

試用期間中の者への
休業命令

違法・規則違反者への
休業命令

健康不安者への休業命令

セクハラなどの被害者への
休業命令

→ 休業命令の内容を判断して使用者に
責任があるといえるケースでは休業
手当を支払う必要あり！

6 一時帰休やワークシェアリングという方法もある

一時的に事業を停止し、社員を一定期間休業させる制度のこと

■ 一時帰休とは

　一時帰休とは、不況による業績悪化や感染症の拡大などに伴い、会社が一時的にすべての事業または一部の事業を停止し、一定期間にわたり継続して、あるいは就業時間中に断続して、従業員（労働者）を休業させる制度です。労働協約や就業規則などに、会社の業績上必要があるときに一時帰休の命令ができるとする定めがあれば、会社が従業員に対して一時帰休を命ずることができます。一時帰休は解雇とは違いますので、従業員としての地位を失いません。具体的な導入の流れは、以下のとおりです。

① 休業内容の決定

　対象従業員の決定、休業の日数や形態（連休・飛び休など）の決定、休業手当の額の決定（平均賃金の60%以上）などを行います。すでに就業規則などの定めがあれば、それに基づきます。

② 従業員や労働組合との協議・通知

　一時帰休に関する労働協約の定めがあれば、その内容を確認します。労働協約には、一時帰休の導入に際して「労働組合の同意が必要」「労働組合との協議が必要」「労働組合への事前通知が必要」などと定めている場合がほとんどです。なお、労働協約や就業規則などで、一時帰休に関する定めを設けていなければ、一時帰休をする際に個々の従業員への説明と同意が必要だといえます。

■ 一時帰休期間中の労務管理

　一時帰休期間中は、通常の業務が免除されていますから、競合他社

212

での就業など会社に損害を与えるおそれがある場合を除き、従業員のアルバイトも許容されます。また、一時帰休の原因は、それを決定した会社側にあります。したがって、会社は一時帰休させた分について、1日当たり平均賃金（60ページ）の60％以上の額の休業手当を支払わなければなりません（労働基準法26条）。休業手当の支払期日は、厚生労働省の通達により、休業手当は賃金として扱われるため、通常の賃金支払日に支払うことが示されています。なお、一時帰休期間が終了した場合、会社は一時帰休前と同一の労働条件で従業員を職場に復帰させなければなりません。

■ ワークシェアリングの実施

ワークシェアリングとは、1人当たりの労働時間を短縮させる、または従業員が互いに職務を分け合うことで、雇用機会を拡大し、失業者の発生を抑えようという考え方です。「雇用機会の変化」「労働時間の変化」「賃金の変化」を組み合わせることで、雇用量をコントロールし、より多くの就業者を確保しようとするわけです。ワークシェアリングを導入する目的は、以下のとおりです。

① 会社の業績悪化を背景とし、一時的に従業員1人当たりの労働時間を短縮し、会社内の雇用を維持する（緊急避難型）。

② 会社に中高年齢層の割合が増加することを背景とし、中高年齢層の従業員1人当たりの労働時間を短縮し、中高年齢層の雇用を維持する（中高年対策型）。

③ 失業率の高まりを受けて、失業者に新たな雇用機会を提供する（雇用創出型）。これは、国や会社単位で労働時間を短縮し、多くの労働者が雇用される機会を与えるものです。

④ 育児中・介護中の者や、余暇を重視する者などが働きやすい環境を整備し、雇用機会を提供する（多様就業対応型）。フルタイムでは働けない事情を抱える者や、多様な価値観を持った者に対応しつ

つ、会社にとって有能な人材を確保することを実現しようとするものです。勤務時間や勤務日数の体系を柔軟に設定すること、1人分の仕事を2人に担わせること、フルタイムの仕事をパートタイム化することなどが考えられます。

　ワークシェアリングは、本来「労働時間を分割して雇用を守る」という考え方で、人件費削減の手段ではありませんが、会社の総人件費を抑制する手段として活用することもあります。

　たとえば、月給30万円の従業員を10人雇用する会社でワークシェアリングを実施し、1人当たりの月給を3万円減額し、月給20万円でパート従業員を1人雇うと、総人件費は300万円（30万円×10人）から290万円（27万円×10人＋20万円×1人）に抑制できます。いわば、雇用の確保と共に、賃金カットの意味合いでワークシェアリングを実施するものだといえます。

　経営状況が一時帰休を実施する状況までには至っていないとしても、何らかの形で人件費を削減する必要がある場合に、ワークシェアリングの導入を検討してもよいでしょう。

■ ワークシェアリングの導入手続

　制度の導入にあたっては、法令の定めに反しないように注意しなければなりません。ワークシェアリングを導入すれば、労働時間や勤務日に変更が出てくるのが通常ですので、労働基準法・労働契約法の定める手続きに従い、労働条件・就業規則を変更し、所轄の労働基準監督署に届け出なければなりません。具体的には、ワークシェアリングの導入により、三六協定の維持または新たな締結、休業手当の支給、年次有給休暇の取得、社会保険・雇用保険との関係での調整が必要になります。

7 出向制度を活用する方法もある

■ 解雇の前に出向も検討する

　出向は、余剰人員を会社外にいったん出すことで、その間に経営状況を立て直すことが可能になります。出向先の会社が人手不足で困っている場合には、両社にとってメリットは大きいといえます。また、労働者の解雇は、会社の経営状態が悪化していたとしても難しいのが現状です。整理解雇を行うためには4要件（67ページ）が必要と考えられており、特に、解雇を回避するために他の手段を尽くした（解雇回避努力義務）といえる必要があります。裁判例では、出向命令が雇用調整の目的であったとしても、解雇を回避するための手段としての側面があると判断しています。そのため、解雇を行う前に、出向命令を検討することは一つの方法です。

　一方で、出向は労働契約が出向元に残るものの、業務内容や勤務場所、賃金などが変わる可能性があり労働者が受ける不利益の程度が大きくなる可能性もあります。そのため、出向命令を出す場合には、就業規則などで出向の根拠を基に命令を出すなど手続きを整えた上で、労働者の不利益の程度に留意しつつ実施する必要があります。

■ 在籍出向命令の有効性

　労働者にとっては、労働契約の相手方ではない別の企業の指揮命令下で労働することは、労働契約の重要な要素の変更となります。そのため、出向命令を下すためには、原則として労働者の個別の同意が必要です。

　ただ、就業規則または労働協約に在籍出向についての具体的な規

第7章 ◆ 解雇や退職以外の休業制度を活用する場合　215

定（出向義務、出向先の範囲、出向中の労働条件、出向期間など）が
あり、それが労働者にあらかじめ周知されている場合は、包括的同意
があったとされます。実際の判例において在籍出向の適法性が問題に
なった場合、出向規定の整備、出向の必要性、労働条件の比較、職場
慣行などを総合的に考慮して、労働者の包括的な同意があったかどう
かを判断することになります。

　なお、出向命令が、その必要性や対象労働者の選定についての事情
から判断して、権利を濫用したと認められる場合、その出向命令は無
効となります。そのため、有効な出向命令として認められるには、労
働者の同意の存在と具体的な出向命令が人事権の濫用にあたる不当な
ものではないことが必要です。

■ 転籍とはどのようなものか

　転籍のタイプとしては、現在の労働契約を解約して新たな労働契約
を締結するものと、労働契約上の使用者の地位を第三者に譲渡するも
のがあります。

　長期出張、社外勤務、移籍、応援派遣、休職派遣、などと社内的に
は固有の名称を使用していても、転籍は従来の雇用先企業との労働関
係を終了させるものです。近時は、企業組織再編が頻繁に行われてお
り、これに伴い債権債務の包括的譲渡に基づく転籍が多く行われてい
ます。

　転籍では、労働契約の当事者は労働者本人と転籍先企業になります
ので、労働時間・休日・休暇・賃金などの労働条件は、当然に転籍先
で新たに決定されることになります。

■ 転籍条項の有効性

　転籍には、労働者の個別的な同意が必要と考えられています。就業
規則や労働協約の転籍条項を根拠に、包括的同意があるとすることは

認められていません。したがって、労働者が転籍命令を拒否した場合にも、原則として懲戒処分の対象にはなりません。

　なお、例外的に、転籍条項について、①労働者が具体的に熟知していること、②転籍によって労働条件が不利益にならないこと、③実質的には企業の他部門への配転と同様の事情があること、のすべての要件を満たせば、例外的に、本文記載のような労働者の個別的な同意がなくても転籍命令を有効とする判例もあります。

　なお、会社分割が行われて事業が別の会社に承継された場合、労働契約承継法により、原則としてその事業に従事していた労働者は、事業を承継した会社で引き続き雇用されます。反対に、その事業に従事していなかった労働者は、会社分割を理由として事業を承継した会社への配置転換（転籍など）を命じられても、会社に申し出れば、元の会社に残ることができます。

■ 出向と転籍の違い ………………………………………………

	出向（在籍出向）	転籍（移籍出向）
労働者の身分	雇用先企業に残る（雇用先との雇用契約が継続する）	他の企業に移る（新たに他の企業と雇用契約を結ぶ）
期間経過後の労働者の復帰	通常は出向元に戻る	出向元に戻ることは保障されていない
労働者の同意	必要	必要
同意の程度	緩やか（個別的な同意は不要）	厳格（個別的な同意が必要）

Column

未払い賃金の立て替え払いの制度

　会社が倒産した場合に、給料などの労働債権をどう確保するかは重要な問題です。

　未払賃金については、「賃金の支払の確保等に関する法律」(賃確法)による未払賃金の立替払い制度を利用できる場合があります。これは、会社が倒産した場合に残っている未払賃金の総額のうち、8割を「独立行政法人 労働者健康安全機構」が立替払いをする制度です。ただし、未払賃金の総額には上限が定められています(下図)。対象となる労働者は、会社が倒産した日の6か月前の日から2年以内に退職した者です。パート・アルバイトなども含まれます。なお、会社が倒産した日とは、破産、民事再生など法律上の倒産と事実上の倒産のことをいいます。事実上の倒産は労働基準監督署長の認定が必要となります。

　この制度では、退職日の6か月前の日から賃金立替払い請求日の前日までの間に支払期日が到来している賃金や退職金で、未払いのものが対象になります。賞与は対象外です。なお、賃金立替払いの請求は労働者健康安全機構に労働者自身で行います。ただし、労働者が立替払を受ける場合には、労働者災害補償保険(労災保険)の適用事業で1年以上事業活動をしていた事業主に雇用されていなければなりません。

■ 立替払いの額

未払い賃金の総額の100分の80の額です。ただし、総額には上限が設けられています。上限額は表の通りで、退職の時期および年齢により異なります。

退職労働者の退職日における年齢	未払賃金の上限額	立替払いの上限額
45歳以上	370万円	296万円
30歳以上45歳未満	220万円	176万円
30歳未満	110万円	88万円

第8章

助成金・給付金のしくみ

1 助成金とはどのようなものなのか

要件や実施期間は流動的なので随時確認する必要がある

■ 助成金とは

　企業がもらえる助成金には様々なものがありますが、雇用関連の助成金は、より多くの労働者が安定した職についていられることに貢献した企業に支給するように作られています。

　雇用関連の助成金は雇用対策のために作られていますから、原則として、人を雇い入れたとき、解雇などをせずに雇用の維持に努めたとき、教育訓練を行ったとき、再就職の支援を行ったときなど、雇用の創出や安定、労働者の能力アップや就職支援に貢献した場合に受給できるようになっています。他にも様々な助成金がありますが、各助成金制度の受給要件は異なります。実施時期も経済状況に応じて変化しています。

　労働者の解雇などを少しでも考えたときに利用できる助成金には、雇用調整助成金、労働移動支援助成金、働き方改革推進支援助成金（テレワークコース）があります。これらは、景気の変動などにより事業の縮小を余儀なくされる場合に活用することができます。事業の縮小が一時的で、売上げの向上が見込まれる場合には雇用調整助成金を活用し雇用の維持に努め、経済の回復時に雇用労働者を復帰させることができます。一方、労働移動支援助成金は、事業の縮小が常態となり、売上げの回復が見込めない場合に、雇用労働者の再就職を支援するために活用することができます。

　また、働き方改革推進支援助成金（テレワークコース）は、事業場で就業が難しくても、在宅やサテライトオフィスで就業が継続できる場合に活用が期待されます。

なお、実際に助成金を受給するには、適切なタイミングで申請することが重要です。申請に必要な書類を提出したり、実施する前に実施計画を提出し認定を受けるといった一定の手続も必要です。

■ 労働者の解雇などを考えたときに活用する助成金 ………………

	主な特徴
雇用調整助成金	【支給の目的】 景気の変動などの経済上の理由により、事業活動の縮小を余儀なくされた事業主に対し、休業・教育訓練・出向によって、労働者の雇用を維持した場合に助成する 【支給額】 休業手当相当額の 2/3（中小企業以外は 1/2） 　※特例措置によって上乗せがある 【手続先】 管轄の労働局またはハローワーク
労働移動支援助成金	【支給の目的】 事業活動の縮小により、離職を余儀なくされる労働者に対し、再就職援助のための措置を実施した事業主に対し助成する 【支給額】 職業紹介事業者への委託費用の 1/2（中小企業以外は 1/4） 　※一定の条件を満たすと上乗せがある 【手続先】 管轄の労働局またはハローワーク
働き方改革 推進支援助成金 （テレワークコース）	【支給の目的】 事業場での就業が難しくなり、在宅またはサテライトオフィスにおいて就業するテレワークに取り組む中小企業事業主に対し助成する （令和2年12月1日までに申請する必要がある） 【支給額】 テレワークに要した費用の 1/2 　※一定の条件を満たすと 3/4 【手続先】 テレワーク相談センター

■ 助成金をもらうために必要なこと（事業主の要件）

　雇用関連の助成金は雇用保険を原資としています。したがって、助成金をもらうためには雇用保険に加入している会社であることが大前提となります（雇用保険被保険者が存在しなければなりません）。労災保険と雇用保険（この2つの保険をあわせて労働保険といいます）の保険料を滞納していないことや、半年以内に会社都合での解雇や退職勧奨を行っていないことなど、該当するともらえない事項も定められています。また、事業主や事業者の役員が暴力団と関わりのある場合、不正受給による不支給決定や支給決定の取消を受けて5年を経過していない事業主などは雇用関係助成金を受給することはできません。ただ、こうした条件をクリアしていたとしても、それぞれの助成金制度で定められている申請期限内に申請しなければ受給できません。したがって、どのタイミングで申請すればよいか、事前に確認しておく必要があります。

　申請時には労働者名簿や就業規則・雇用契約書、賃金台帳、出勤簿などの書類の提出を求められる場合がほとんどですので、事前に整備しておく必要があります。審査に必要な書類の提出や実地調査を求められた場合には、それに応じることも助成金の受給要件となっています。

　国は雇用対策に力を入れていますから、厚生労働省や各都道府県の労働局やハローワークのホームページで、助成金制度の手続について細かく説明をしています。説明会が開催されている場合も多いので、積極的に参加して、担当者に条件などを確認するようにしましょう。

　こうした時間をとれない場合には、社会保険労務士への依頼も検討してみましょう。社会保険労務士には、助成金をもらえるかどうかの事前調査を依頼したり、手続に必要な書類や申請書の作成を代行してもらうことができます。内容に応じて手数料がかかるので、依頼することで節約できる時間と支払う額が見合うかを確認し、必要に応じて依頼するとよいでしょう。

■ もらえない場合や増額される場合がある

それぞれの助成金の受給要件には、該当しなければもらえない条件、該当するともらえない条件が細かく規定されています。たとえば、雇用調整助成金は、事業活動の縮小においても雇用の維持を行った事業主を対象として支給される助成金のため、解雇を予告された者、退職願を提出した者、退職勧奨に応じた者は支給の対象者としては認められません。これは助成金の趣旨から言って当然の措置といえるでしょう。

これらの要件を満たしていないにもかかわらず、満たしているように書類を改ざんして受給を受けようとするなどの行為は、不正受給として助成金が不支給となります。申請した助成金だけでなく、5年間は雇用関係助成金を受給できない、事業主名などが公表されるなど厳しい取扱いを受けます。実際に申請する際には、事前に受給要件を確認し、不明な点がある場合には、専門家に相談したり担当者に尋ねるようにしましょう。

■ 助成金をもらうには事前の準備が必要 ……………………………

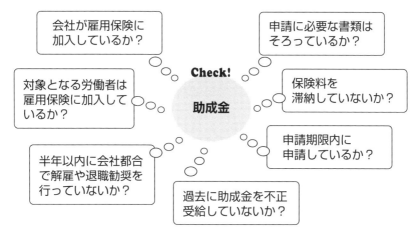

また、生産性を増加させた企業には助成金を割増するという制度も
あります。最近では働き方改革など労働生産性の向上が国を挙げての
課題となっています。生産性は、アウトプット÷インプットで算出す
ることができます。たとえば、インプットである時間外労働の削減を
行い、アウトプットである売上げを維持する、もしくは増加させるこ
とができたら、生産性を上げることができます。このような取組を
行っている企業を助成金で後押ししているのです。

■ 中小企業とそれ以外であるかの違いで支給額が異なる

　たいていの助成金は、申請する企業が中小企業か中小企業以外（大
企業）かによって支給額や支給割合に差をつけています。下図のよう
に「資本金の額・出資の総額」か「常時雇用する労働者の数」のいず
れかを満たす企業を中小企業と定義しています。たとえば、小売業で
資本金が5,000万円、労働者が60名であった場合には、資本金が5,000
万円を下回っているため中小企業に該当します。両方の条件を満たす
必要はありません。

　会社の形態によっては、資本金や出資金がない会社もあります。そ
の場合には、「常時雇用する労働者数」のみで判断することになりま
す。また、常時雇用する労働者数は、正社員だけでなくパートタイム
労働者も含まれます。

■ 中小企業の定義 ……………………………………………………………

産業分類	資本金の額・出資の総額	常時雇用する労働者の数
小売業(飲食店を含む)	5000万円以下	50人以下
サービス業	5000万円以下	100人以下
卸売業	1億円以下	100人以下
その他の業種	3億円以下	300人以下

Q 社員を解雇すると助成金がもらえなくなるという話を聞いたのですが、解雇か勧奨退職によって人件費を削りつつ助成金も受給することは可能でしょうか。

A 　社員を解雇すると、多くの場合、社員の新規雇用や教育などをした場合を対象とする雇用関連の助成金を、一定期間にわたって受給できなくなります。たとえば、「特定求職者雇用開発助成金」の場合、事業主都合（会社側の都合）の離職者が一定以上あった際には、最低でもその日から６か月間は受給ができません。解雇した社員の代わりに未経験者を雇い入れ、助成金を受給するのを検討している会社は注意が必要です。そして、事業主都合による離職には、解雇だけでなく勧奨退職も含まれます。つまり、会社から社員に退職を持ちかけ、社員が応じて退職した場合も、事業主都合の離職と扱われます。

　このような点から、助成金受給を目当てに、事業主都合での離職の事実を隠し、離職票の離職理由欄に「自己都合」と記載する会社も存在しますが、後から元社員との間でトラブルになるケースがあります。離職理由の内容が会社・元社員の双方に影響するためです。会社側の場合は、離職理由が助成金受給に影響を及ぼします。一方、元社員の場合は、失業等給付の受給開始日や受給期間に直結します。事業主都合の離職の場合、自己都合の離職とは異なり、待期期間を経過すれば、失業等給付をすぐに受給できるからです。

　本ケースの場合、解雇にせよ退職勧奨にせよ、会社都合で社員に辞めてもらうことになります。辞めた社員の離職票の離職理由欄には「会社都合」と記載することになり、一定期間にわたり助成金が受給できない場合があります。会社都合での解雇や退職勧奨をした上で雇用関連の助成金を受給する方法は、基本的にないといえるでしょう。

2 雇用調整助成金について知っておこう

休業・出向・教育訓練を行う場合に助成金を受給できる

■ 解雇をせずに雇用を守るための助成金がある

　経済上の理由により、事業活動を縮小せざるを得なくなってしまった事業主が、雇用している労働者を解雇せずに、労働者を一時的に休業させたり出向させる他、教育訓練を受けさせるといった方法をとることがあります。雇用を維持することは、労使の信頼関係や士気が増し、教育訓練を実施するなどにより景気回復後の事業の効率性が高まるなどのメリットがあります。このような場合に利用できるのが雇用調整助成金です。休業とは、労働者が所定労働日に働く意思と能力を有しているのに働くことができない状態をいいます。教育訓練は、職業に関する技能や知識の取得や向上を目的として教育・訓練・講習といった形式で所定労働日の所定労働時間内に実施されるものをいいます。出向の場合、実質的に配置転換と変わらないような状況を除いて、在籍出向・移籍出向のいずれの場合も制度の対象となります。

　雇用調整助成金は、災害や感染症などによる影響で事業活動が急激に縮小する場合などに、要件を緩和した特例措置が設けられ、国が間接的に事業主の雇用維持を助けることもあります。雇用調整助成金を通じて、労働者の雇用を守り生活の維持を図る目的があるからです。

　最近では、東日本大震災時の特例措置や、令和2年1月から感染が発生した新型コロナウイルスの感染症特例措置が実施されました。いずれも特例期間があるため、申請時には緩和された要件に合致するか、支給申請期日はいつまでかなどに留意する必要があります。

　この項目では、雇用調整助成金の本来の受給要件などを記載した後に、新型コロナウイルス感染症特例について記載します。新型コロナ

ウイルス特例について、令和2年6月現在、令和2年4月1日から9月30日の半年間に限り特例措置が施行されています。

■ 新型コロナウイルス感染症の特例措置 ………………………………

	通常の雇用調整助成金	新型コロナウイルス感染症特例措置 (令和2年4月1日から9月30日まで)
事業活動の縮小	経済上の理由により、事業活動の縮小を余儀なくされた事業主	新型コロナウイルス感染症の影響を受ける事業主
生産量要件	最近3か月の平均売上高などが前年同期に比べ10%低下	最近1か月の売上高などが前年同月に比べ5%低下
雇用量要件	雇用保険被保険者数の直近3か月平均値が前年同期比で一定数増加していない	雇用量要件の廃止
対象者	雇用保険被保険者(6か月以上の被保険者期間が必要)	雇用保険被保険者以外の労働者も休業の助成金対象に含める(被保険者期間も問わない)
助成額の上限	休業・教育訓練の助成額の上限 8,330円	上限 15,000円
助成率	2/3(中小) 1/2(中小以外)	4/5(中小)、2/3(中小以外) ※解雇などを行わない場合 10/10(中小)、3/4(中小以外)
教育訓練加算	1,200円/日	2,400円/日(中小) 1,800円/日(中小以外)
計画届(233ページ)	計画届必要	計画届不要
クーリング期間	1年のクーリング期間が必要	クーリング期間の撤廃
支給限度日数	1年100日、3年150日	同左+上記対象期間(別枠扱い)
短時間休業	労働者の一斉休業のみ対象	一斉でなくても対象
休業規模要件	対象労働者の所定労働延日数の1/20(中小)、1/15(中小以外)	1/40(中小)、 1/30(中小以外)
残業相殺	行う	行わない
出向期間	3か月以上1年以内	1か月以上1年以内

■ 雇用調整助成金の制度内容・受給要件

雇用調整助成金は、事業主が「経済上の理由」により、「事業活動の縮小」を余儀なくされ、「労使間の協定」に基づいて①労働者を休業させる場合、②出向させる場合、③教育訓練を受けさせる場合に支給されます。

「経済上の理由」とは、景気の変動・産業構造の変化、物価や外国為替その他の価格の変動などの経済事情の変化によるものであり、例年繰り返される季節変動によるもの、事故や災害により施設や設備が被害を受けた場合などは原則として支給対象になりません。

「事業活動の縮小」とは、以下の生産量要件・雇用量要件を満たしていることをいいます。①売上高または生産量などの事業活動を示す指標の最近3か月間の月平均値が前年同期に比べ10%以上減少していること（生産量要件）。②雇用保険被保険者数および受け入れている派遣労働者の最近3か月間の月平均値が、前年同期と比べて、中小企業以外の場合は5％を超えてかつ6人以上、中小企業の場合は10%を超えてかつ4人以上増加していないこと（雇用量要件）。

雇用調整の実施について労使間で事前に協定し、雇用調整を実施する必要があります。協定では、休業手当の支払率やどの程度の期間休業を行うのか、休業を行う対象者は誰かなどの取り決めを事前に行います。協定の範囲内で実施された休業等が助成の対象となるため協定書の取り決め方は重要です。労使協定は、労働者の過半数で組織する労働組合がある場合にはその労働組合との間で行い、労働組合がない場合には労働者の過半数を代表する者との間で書面により行う必要があります。

また、労働保険料を滞納している事業所、雇用関係助成金について不正行為によって各種の助成金の支給を受けたり受けようとしたことによって助成金の不支給措置がとられている事業所等は、雇用調整助成金を受給することはできません。

助成金の対象となる従業員は、雇用保険の加入期間が6か月以上であることが必要です。

　雇用調整助成金の支給は、1年の期間内に実施した休業・教育訓練・出向について支給対象となります。支給を受けられる日数は、1年間で100日分、3年で150日分が上限となり、過去に受給していた場合は1年間以上空けないと受給することができません（クーリング期間）。

■ 支給の対象となる休業・教育訓練・出向

　労働者を休業させる場合、事業主が指定した対象期間内に行われるもので所定労働日の所定労働時間内において実施され、全1日にわたるものであることが必要です。

　休業とは、労働者が働く意思と能力があるにもかかわらず、労働することができない状態です。したがって、ストライキや有給休暇のように労働の意思がない場合や、病気等による休暇中のように労働能力を喪失している場合等の休職・休業は、助成金の支給対象となりません。また、その事業所において対象となる労働者全員を一斉に1時間以上休ませる場合も休業に含まれます。また、休業手当の額は平均賃金の6割以上とする必要があります。

　労働者に教育訓練を行う場合、支給の対象となる教育訓練は、事業主が指定した対象期間内でかつ所定労働時間の全日または半日（3時間以上で所定労働時間未満）にわたり行われるものであることが必要です。この教育訓練には、入社時研修やモラル向上研修、OJTなどの技術の習得または向上を目的としないもの、趣味・教養を身につけることを目的とするもの、通常の教育カリキュラムに位置付けられているもの等の教育訓練は助成金の対象とはなりません。

　また、判定期間（原則、賃金締切日の翌日から次の締切日までの期間）における対象労働者の休業または教育訓練の実施日の延日数が、対象労働者の所定労働延日数の1/20（中小企業以外の場合は1/15）以

上となるものであること（休業等規模要件）が必要です。

　労働者を出向させる場合、事業主が指定した対象期間内に開始され、人事交流・実習のため等に行われるものではなく、雇用調整を目的として行われるものである必要があります。さらに、出向労働者の同意を得たもので、出向期間が３か月以上１年以内で出向元事業所に復帰するものであること、出向元事業所が出向労働者の賃金の一部を負担し、出向労働者に出向前に支払っていた賃金と概ね同じ額の賃金を支払うものであることなど様々な要件があります。

■ 助成金の受給額と残業相殺

　休業、教育訓練を実施した場合の助成額は、休業を実施した場合の休業手当、教育訓練を実施した場合の賃金に相当する額に、助成率（中小企業：2/3、中小企業以外：1/2）を乗じて得た額が支給されます。ただし、１人１日当たり雇用保険基本手当日額の最高額を上限額（令和元年８月１日現在8,330円）とします。

　教育訓練を実施した場合は、さらに訓練費として、１人１日当たり1,200円（半日にわたり訓練を行った場合の日数は0.5日として計算します）が支給されます。また、対象期間の所定労働日数が合理的な理由なくその直前の１年間よりも増加している場合には、休業・教育訓練を行った日数から増加日数分が差し引かれることになります。

　出向をした場合の助成額は、出向元事業主の出向労働者の賃金に対する負担額（出向前の通常賃金の概ね1/2が上限額となります）に、助成率（中小企業：2/3、中小企業以外：1/2）を乗じて得た額が支給されます。ただし、１人１日当たり雇用保険基本手当日額の最高額に330/365を乗じて得た額が上限額となります。

　雇用調整助成金は、経済上の理由により事業活動を縮小せざるを得なくなり、事業主が労働者を解雇せずに、休業等によって雇用を維持した場合に助成を行うものですが、労働者を休業等させる一方で残業

や休日出勤をさせた場合、それが一時的なものであったとしても、助成の対象となる休業等の延べ日数から、その残業や休日出勤をさせた分を控除することとしています。これを「残業相殺」といいます。

■ 雇用調整助成金の特例措置

　令和２年度２次補正予算成立時点（令和２年６月現在）では、雇用調整助成金について、令和２年４月１日から９月30日までの期間に限り特例措置が実施されています。

　この特例措置により、様々な要件が緩和されています（227ページ）。

　まず、生産量要件について、最近１か月の売上高などが前年同月に比べ５％低下することに要件が緩和されています。また、雇用量要件は撤廃され、前年同期比に比べ労働者が多くなっていたとしても対象となりました。雇用調整助成金は、前年同月とあるように事業所として設置後１年以上経過していないと申請はできませんが、特例によって必ずしも前年同月と比較する必要がなくなったため、設置後、間もない事業所も対象となります。

　次に、対象者も拡充されています。これまでは雇用保険被保険者で６か月以上の被保険者期間が必要でしたが、この要件も廃止されました。これにより新卒で入社し、入社日から休業するといった状況でも対象者としてカウントされます。雇用保険被保険者以外については、雇用調整助成金ではなく、緊急雇用安定助成金として申請します。申請要件などは、雇用調整助成金とほぼ同様です。

　そして、助成率や助成額の上限額も拡充されています。中小企業については、会社が自己負担することなく、休業手当の全額を助成金で賄うことが可能になっています。ただし、休業手当をいったん労働者に支払い、その後に申請を行う必要があるため、入金があるまでの期間については会社の費用負担で資金繰りが悪化する可能性があります。

　短時間休業についても、これまでは労働者の一斉休業のみを対象と

していましたが、店舗や部署、ラインごとなどの単位で短時間休業に取り組む場合には対象となります。また、残業相殺も廃止されたため、突発的な残業が発生したとしても受給の対象と扱われます。

さらに、教育訓練を実施する場合には、本来であれば認められない職業人として共通して必要となる訓練（接遇・マナー研修、ハラスメント研修など）、自社労働者である指導員による訓練、自宅などで行う学習形態の訓練も対象となり、教育訓練の範囲が拡大しています。また、教育訓練実施日は就労することはできませんでしたが、半日教育訓練、半日就業という働き方も可能になっています。

雇用調整助成金は、もともと要件も複雑な助成金でした。それに加えて特例措置が実施されたことによって、事業主にとっては申請手続きの負担は大きいものとなっています。国も申請手続きの簡略化を実施しており、負担の軽減が図られています。また、申請時には社会保険労務士などの専門家に申請を依頼することもひとつの考え方です。

■ 小規模事業所はさらに申請が簡素化されている

小規模事業所は、労働者数が極端に少なく、労務担当者を専任で置いていなかったり、賃金台帳や就業規則などの整備が不十分であることがあります。そのため、申請に必要な書類を準備できず助成金の申請を諦める事業主も多いことから、申請書類がさらに簡素化されました。たとえば、助成額を算出するため休業手当を基準に計算できるなど簡素化が行われています。

小規模事業所とは、おおむね20人未満の事業場で、雇用保険適用事業所単位で考えます。小規模事業所であっても、従来の申請書類が準備できる場合には従来の申請方法を利用することができます。小規模事業所の申請特例と従来の申請方法では計算方法の違いから助成額に違いが生じる可能性もあるため、事業主の判断でどちらの申請を行うか選択することができます。

社会保険労務士に申請の代行を依頼できる

■受給するにはどこにどのような書類を提出すればよいのか

　助成金を受給する手続きについても、通常の場合と特例の場合で方法が異なりますので、申請時には留意する必要があります。

　まず、通常時の受給手続きを説明します。次のような流れで手続きを行います。

① **休業等実施計画届の提出**

　助成金の支給を受けるには、休業や教育訓練、出向を実施する前に「計画届」を都道府県労働局かハローワークに届け出る必要があります。初回の計画届の提出は、雇用調整を行う初日や出向を開始する日の２週間前を目安に提出します。その後は、判定基礎期間（原則、賃金締切日の翌日から次の締切日までの期間）の１～３回（１～３か月）分のいずれかを事業主が指定し、その指定した期間（支給対象期間）ごとに改めて計画届を提出します。

　なお、休業等実施計画書には、雇用調整実施事業所の事業活動の状況に関する申出書（生産量要件を確認する書類）、協定書（雇用調整について労働組合などとの間で締結した書類）等を添付する必要があります。

② **支給申請**

　支給対象期間ごとに、支給対象期間の末日の翌日から２か月以内に「支給申請書」を都道府県労働局かハローワークに提出する必要があります。

　添付書類は事業主がどのような措置を実施するかによって異なってきますが、労働者を休業させた場合には、就業規則、出勤簿、賃金台

帳、休業手当の額が明記された書類などの提出を求められます。労働者に教育訓練を行う場合、受講者本人が作成したレポートなどの書類を添付します。

　助成金の支給要件を満たしているか、提出書類に不備はないか、といった点については事前に都道府県労働局かハローワークに相談するとよいでしょう。計画届を提出せずに雇用調整や出向を行った場合、支給申請の締切日を１日でも過ぎた場合には助成金を受けようとしても支給されないので注意しましょう。

■ 特例によって計画届が不要になる

　新型コロナウイルス感染症特例措置によって、申請の簡素化が何度か行われています。本来であれば、休業実施前に計画届を提出する必要がありましたが、休業実施後であっても事後的に提出することが可能になりました。さらに、申請のさらなる簡素化により、特例措置期間（令和２年４月１日から９月30日まで）については計画届の提出自体が不要になっています。

■ 雇用調整助成金を受給するための手続きの流れ ··················

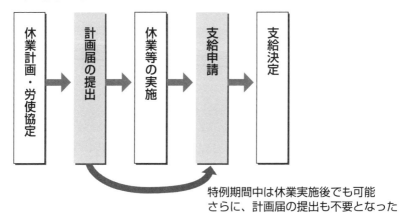

休業計画・労使協定 → 計画届の提出 → 休業等の実施 → 支給申請 → 支給決定

特例期間中は休業実施後でも可能
さらに、計画届の提出も不要となった

4 労働移動支援助成金について知っておこう

離職する労働者の求職活動を支援するための助成金

■ 労働移動支援助成金とはどのような助成金なのか

　事業規模の縮小や経済的な事情により労働者を解雇する、あるいは退職してもらわざるを得なくなることもあります。このような離職を余儀なくされた労働者に対して、求職活動のための休暇を付与した事業主や、民間の職業紹介事業者に労働者の再就職支援を委託して再就職を実現させた事業主に支給される助成金が労働移動支援助成金です。また、労働移動支援助成金は、離職を余儀なくされた労働者を早期に雇い入れた事業主も対象としています。つまり、事業規模の縮小などにより労働者を解雇などしなければならない事業主と、そのような労働者を雇い入れる事業主の双方が助成金の対象となります。

　労働移動支援助成金は、前者の事業主を対象とした「再就職支援コース」と後者の事業主を対象とした「早期雇入れ支援コース」の2つに分けることができます。

■ 再就職援助計画や求職活動支援基本計画書を提出する

　事業主は、1か月に30人以上もの多数の労働者を解雇あるいは退職させなければならないような事業規模の縮小を行う場合には、再就職援助計画を作成し、退職者の再就職を支援しなければなりません。なお、この再就職援助計画は、1か月に30人未満の労働者を解雇・退職させる会社であっても、任意で作成することはできます。

　また、45歳以上65歳未満の労働者を解雇する、あるいは退職させる際に、その対象となる労働者が再就職を希望した場合、事業主は個々の労働者について求職活動支援書を作成し、対象労働者の求職活動を

支援しなければなりません（定年後の継続雇用制度の対象者基準を定め、その基準に該当しなかったことにより離職した高年齢者が希望するときも含む）。その際、事業主は、求職活動支援書の対象者に共通して講じようとする再就職援助の措置や対象者数、付与する休暇の日数などを記載した書面（求職活動支援基本計画書）を作成することができます。

そして、再就職援助計画や求職活動支援基本計画書を作成した事業主が、その対象者となる者に、①職業紹介事業者へ委託し、再就職の支援を行った場合（再就職支援）、②休暇を与えて求職活動を行う支援をした場合（休暇付与支援）、③職業訓練を実施した場合（職業訓練実施支援）で、実際に対象者の再就職を実現させた事業主に対して支給する助成金を「再就職支援コース」といいます。

また、再就職援助計画や求職活動支援基本計画書の対象者を、期間の定めのない労働者として雇い入れた事業主に対しては、「早期雇入れ支援コース」から助成金が支給されます。

当然のことながら、離職した労働者を復職させた場合は助成金の対象とならないため注意が必要です。

ここでは、「再就職支援コース」を中心に説明をしていきます。

■ 再就職支援コースを受給するための要件

再就職支援コースを受給するためには、受給しようとする事業主が雇用保険に加入していること、対象となる労働者（支給対象者）が雇用保険の被保険者（一般被保険者または高年齢被保険者）として継続して雇用された期間が1年以上であることが前提となります。

また、その事業主が納めるべき労働保険料を過去2年間に滞納している場合や、過去5年間に助成金を不正受給した場合や不正受給しようとした場合など、一定の場合には助成金を受給することができません。この他、再就職支援コースを受給するにはいくつかの要件を満た

す必要があります。受給要件の詳細については、申請前に必ず最寄りのハローワークや社会保険労務士に相談するようにしてください。

■ 再就職支援の対象となる措置

前述したように、再就職支援コースは、「再就職支援」「休暇付与支援」「職業訓練実施支援」の３つの措置を取ることで助成金が支給されます。それぞれの措置にも対象となる要件があるため、まず、再就職支援の主となる要件を見ていきましょう。

① **再就職援助計画の認定または求職活動支援基本計画書の提出**

再就職援助計画を提出する場合、再就職援助計画を作成し公共職業安定所長の認定を受けた事業者であることが必要です。または、求職活動支援書を作成する場合、求職活動支援書を作成する前に求職活動支援基本計画書を作成し、都道府県労働局長に提出することが必要です。求職活動支援基本計画書を提出した後は、個々の労働者に対して求職活動支援書を作成し交付する必要があります。

再就職援助契約や求職活動支援基本計画書（以降２つをあわせて「再就職援助計画等」とします）には、再就職支援を職業紹介事業者に委託して行う旨を記載する必要もあります。

② **労働者の合意を得ること**

①の再就職援助計画等の内容について、その事業所の過半数の労働者からなる労働組合または該当する労働組合がない事業所の場合には労働者の過半数を代表する者（以降「労働組合等」とします）の合意を得ることが必要です。

③ **再就職の実現**

再就職援助計画等の提出後に、職業紹介事業者は支給対象者に再就職支援を行います。この際に発生する委託費用は事業主が負担する必要があります。

そして、支給対象者が、離職した日の翌日から起算して６か月以内

（支給対象者が45歳以上の場合は9か月以内）に雇用保険の被保険者として再就職を実現することが必要です。再就職をしなければならないこの期間を助成対象期限といいます。なお、必ずしも契約した職業紹介事業者によって紹介された事業所で再就職をしなくても支給対象となりますが、再就職支援を受けている必要はあります。

①～③の要件を満たすこと（他にも詳細な受給要件があります）で、助成金が支給されます。

これらに加えて、職業紹介事業者との契約について、委託開始時の支払額が委託料の2分の1未満であるなど一定の要件を満たし、かつ、再就職をした対象者が、期間の定めのない雇用で再就職前後の賃金が2割以上減っていない場合には、特例区分として助成金が上乗せされます。

■ 再就職支援には訓練加算とグループワーク加算がある

再就職支援の措置を行った上で、対象労働者に再就職の実現を助ける訓練やグループワークを実施した場合には、支給額に加算が行われます。訓練には、再就職先での職務の遂行に必要となる技能・知識の向上を図るもの（技能・ビジネススキル習得に係る訓練）やキャリア形成に役立つもの（将来設計・独立起業に係るセミナーなど）が該当します。グループワークには、再就職支援を受けている2人以上の求職者同士が就職活動に関する意見交換・情報交換を行い相互の交流を深めるものが該当します。

それぞれの訓練やグループワークには、受講時間数や費用負担のあり方も決められています。たとえば、訓練の場合、助成対象期限までに10時間以上実施される訓練に8割以上受講する必要があります。また、グループワークの場合、助成対象期限までに3回以上（1回1時間以上）実施されなければなりません。

休暇付与支援の対象となる措置

次に、休暇付与支援の措置を実施する場合の主な要件を見ていきましょう。なお、休暇付与支援には特例区分はなく、早期（離職の翌日から起算して1か月以内）に再就職を実現させた場合に上乗せ助成が行われます。

① 再就職援助計画の認定または求職活動支援基本計画書の提出

再就職支援の措置と同様です。ただし、再就職援助計画等には、在職中から円滑な求職活動が行えるように休暇を付与する旨を記載する必要があります。

② 休暇の付与

在職中に1日以上の休暇を与える必要があります。この休日は法定の年次有給休暇として与えたものは除かれます。また、休暇時には通常の賃金以上の額を支払う必要があります。

③ 再就職の実現

再就職支援と同様、支給対象者が、離職した日の翌日から起算して6か月以内（支給対象者が45歳以上の場合は9か月以内）に雇用保険の被保険者として再就職を実現することが必要です。

職業訓練実施支援の対象となる措置

最後に、職業訓練実施支援の措置を実施する場合の主な要件を見ていきましょう。

① 再就職援助計画の認定または求職活動支援基本計画書の提出

再就職支援の措置と同様です。ただし、再就職援助計画等には、教育訓練施設などに委託し訓練を実施する旨を記載する必要があります。

② 訓練の実施

訓練の実施内容は、再就職支援措置の訓練加算と同様の内容となるようにします。再就職の実現を助ける訓練内容、受講時間、費用のあり方など詳細に要件が決まっていますので、事前に確認しておきましょう。

③ 再就職の実現

　再就職支援と同様、支給対象者が、離職した日の翌日から起算して6か月以内（支給対象者が45歳以上の場合は9か月以内）に雇用保険の被保険者として再就職を実現することが必要です。

再就職支援コースの受給額はいくらか

　再就職支援コースの受給額は、支給対象者1名当たり次ページの図のようになっています。なお、1事業所1事業年度で500人が上限とされています。

　再就職支援の場合には、職業紹介事業者への委託総額（訓練、グループワークへの委託費用を除く）の1/2の額が支給されます（中小企業以外の場合は1/4）。支給対象者が45歳以上の場合は、支給率は2/3の額に増額します（中小企業以外の場合は1/3）。支給対象者が無期雇用された場合などの特例区分に該当すると、次ページの図のようにさらに支給率が上がります。

　休暇付与支援の場合には、休暇付与1日当たり8,000円が支給されます（中小企業以外の場合は5,000円）。職業訓練実施支援の場合には、事業規模にかかわらず訓練実施に係る委託費用の2/3の額が支給されます。

　それぞれの支給額には上限が設定されてもいます。たとえば、再就職支援については、訓練加算、グループワーク加算なども含めて60万円が上限となってます。また、休暇付与支援については、休暇日数の上限は180日に設定されています。職業訓練実施支援は、上限額が30万円です。

早期雇入れ支援コースとは

　再就職支援コースは、退職後の再就職を支援するための助成金です。一方、早期雇入れ支援コースは、そのような退職者を受け入れる事業

者を支援するための助成金です。具体的には、再就職援助計画や求職活動支援書の対象者を、離職日の翌日から3か月以内に期間の定めのない労働者として雇い入れることが要件となっています。

　支給額は、通常30万円ですが、一定の要件に該当する事業主や職業訓練を実施すると加算の助成金を得ることも可能です。

■ 再就職支援コースの受給額 ……………………………………………

(1) 再就職支援（①〜③の合計額もしくは60万円のいずれか低い方）

	中小企業	中小企業以外
① 再就職支援	職業紹介事業者への委託総額（訓練、グループワークへの委託費用を除く）×1/2（45歳以上の場合2/3）の額	職業紹介事業者への委託総額（訓練、グループワークへの委託費用を除く）×1/4（45歳以上の場合1/3）の額
特例区分に該当する場合	職業紹介事業者への委託総額（訓練、グループワークへの委託費用を除く）×2/3（45歳以上の場合4/5）の額	職業紹介事業者への委託総額（訓練、グループワークへの委託費用を除く）×1/3（45歳以上の場合2/5）の額
② 訓練加算	訓練実施に係る委託費用 ×2/3 の額（上限30万円）	
③ グループワーク加算	3回以上実施で1万円	

(2) 休暇付与支援

	中小企業	中小企業以外
休暇付与支援	休暇付与1日当たり8,000円（上限180日分）	休暇付与1日当たり5,000円（上限180日分）
早期再就職加算	1人につき10万円	

(3) 訓練実施支援

	中小企業	中小企業以外
訓練実施支援	訓練実施に係る委託費用 ×2/3 の額（上限30万円）	

労働移動支援助成金を受給するための手続きについて知っておこう

書類の不備と申請のタイミングには注意する

■ 再就職支援コースを受給するための手続きの流れ

　再就職支援コースの受給申請の基本的な流れは、再就職に関する計画を都道府県労働局などへ提出した後、再就職支援の措置を実施し、支給申請を行うという流れになります。再就職に関する計画の提出前に、職業紹介事業者と委託契約を締結するなど順序を逆にすると受給できない可能性があるため留意する必要があるでしょう。

　具体的に再就職支援コースを受給するための手続は、以下の流れで行うことになります。

① 再就職援助計画等を作成し、提出もしくは認定を受ける

　再就職援助計画を作成した場合は、管轄の公共職業安定所長（ハローワーク）に提出し、認定を受けることが必要です。求職活動支援基本計画書を作成した場合には、管轄の都道府県労働局に提出するか、公共職業安定所を経由して提出することもできます。求職活動支援基本計画書は認定まで受ける必要はありません。

　なお、再就職援助計画等は、労働者が離職する日よりも1か月以上前に提出する必要があります。

② 再就職支援などの措置を実施する

　「職業紹介事業者への再就職の委託」「休暇付与支援」「職業訓練実施支援」の3つの措置を取ることが必要です。受給の対象となる措置となるには、詳細な要件が決まっていますので、事前に確認し、要件を満たすようにする必要があります。

③ 再就職支援コースの支給申請をする

　②の措置の実施後、再就職が実現した日以降の助成対象期限（離職

した日の翌日から起算して６か月以内（支給対象者が45歳以上の場合は９か月以内））の翌日から２か月以内に、管轄の都道府県労働局に申請します。なお、複数の支給対象者がいる場合には、最期の支給対象者の助成対象期限の翌日から２か月以内に複数名分まとめて申請することができます。

申請にあたっては、職業紹介事業者との再就職に関する契約書や休暇を与えたことを明らかにする書類（出勤簿、賃金台帳）、訓練やグループワークを実施した確認書類（委託契約書、領収書など）を添付する必要があります。

④　助成金を受給する

申請書の内容は、管轄の都道府県労働局が審査します。審査の結果、支給要件に該当すると認められた場合には、支給決定の内容が記載された決定通知書が送られ、申請時に指定した金融機関の口座に助成金が振り込まれます。

■ 再就職支援コースを受給するための手続きの流れ ·················

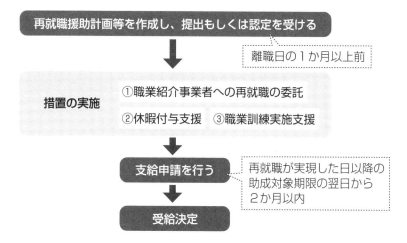

6 働き方改革推進支援助成金（テレワークコース）について知っておこう

テレワークに要する費用を助成する

■ どのような助成金なのか

　テレワークとは、在宅やサテライトオフィスなど普段通勤して勤務をする会社から離れた場所でICT機器を利用して就業することです。テレワークは、これまで労働者が自宅で育児や介護が必要になった場合、負傷などにより通勤が難しい場合に利用されるのが一般的でした。最近では会社が被災し勤務できないような場合や感染症拡大防止措置としてテレワークを利活用する場面が増えています。

　事業主は、地震による被災や感染症の拡大で、営業することが難しい場合にテレワークを活用し、労働者を解雇しないという選択肢をとることもできます。このようなテレワークを推進するための助成金が「働き方改革推進支援助成金（テレワークコース）」です。

■ 受給するための要件

　働き方改革推進支援助成金（テレワークコース）を受給するための要件は、労働者災害補償保険の適用事業主であることが前提です。また、この助成金は、中小企業（224ページの下図）のみが対象とされているため大企業は受給することができません。

　そして、テレワークを新規で導入する必要があります（試行的に導入している事業主を含む）。なお、新規ではなく継続してテレワークを活用する場合には、現在テレワークを行っている労働者の数を2倍以上にして取り組む必要があります。事業主は、テレワークを実施する労働者を何名にするのかを事前に決めておくことも必要です。

受給額はいくらか

　働き方改革推進支援助成金（テレワークコース）では、テレワークの導入に要した費用の一部について助成を受けることができます。導入に要した費用には、テレワーク機器の購入費用、就業規則の変更に要した費用、外部専門家のコンサルティング費用、労務管理担当者を対象とした研修・対象労働者に対する研修に要する費用などが含まれます。それぞれ申請できる費用には上限が設けられているものもあります。たとえば、就業規則の変更については上限10万円、外部専門家のコンサルティング費用は上限30万円と決められています。

　受給額は、これらの費用に補助率を掛けることで算出されます。成果目標を達成したかどうかによって補助率は異なります。成果目標は、評価期間（1〜6か月の間で事業主が設定します）を設定し、①評価期間中に1回以上、対象労働者全員がテレワークを実施すること、②評価期間において、対象労働者がテレワークを週平均1回以上行うこと、の両方を満たした場合に達成したとみなします。なお、これまで成果目標として、さらに月間平均所定外労働時間数を前年同月比で5時間以上削減させる目標も必要でしたが、よりテレワークを導入しやすくするため、この成果目標は撤廃されました。

　達成の場合の補助率は3/4で、未達成の場合は1/2です。ただし、対象労働者の1人当たりの上限額は達成の場合40万円、未達成の場合20万円で、1企業当たりの上限額も達成の場合300万円、未達成の場合200万円となっています。

　たとえば、テレワークの導入費用に120万円かかり成果目標を達成した場合、90万円が受給額となりますが、対象労働者が2名であった場合には上限額が80万円のため80万円が受給額ということになります。この場合、対象労働者を3名にするなどの工夫が必要になるでしょう。

働き方改革推進支援助成金を受給するための手続きについて知っておこう

申請や問い合わせはすべてテレワーク相談センターに行う必要がある

■ 受給するための手続きの流れ

受給するための流れは、次の通りとなっています。順番を間違えると助成金の対象とならないため注意が必要です。

① **事業実施計画を添付した交付申請書を提出する。**

まず、事業実施計画を作成する必要があります。事業実施計画では、就業規則の変更やコンサルティング、テレワーク用通信機器の導入、導入研修をいつ頃行うのかという計画を立てます。これらの費用の見積額から所要額の概算を算出します。こられの費用には複数の業者から見積もりをとる必要があります。

また、実際にテレワークを行う対象労働者を選定する必要もあります。この人数によって上限額が異なってくるため、導入費用の金額と見比べながら人数を確定させる必要があるでしょう。

② **交付決定後に事業を実施する**

交付申請を行った後に、厚生労働省から交付決定が行われます。交付決定があってから事業（機器の購入、研修の実施など）を開始する点に注意をしましょう。交付決定前に行われた費用は、対象外となる可能性があります。

③ **評価期間中にテレワークを実施する**

事業主が1〜6か月の間で設定した評価期間中に、対象労働者がテレワークを実施します。実施については必ずしも1日をすべてテレワークにする必要はありません。午前中をテレワークにし、午後から通常勤務としても1回としてカウントされます。

実際にテレワークをしたことが確認できるように、GPS機器による

位置情報や業務時間の記録情報を提出する必要があります。その他の方法として、始業終業時に、対象労働者がテレワーク相談センターにメールを送信することで、テレワークを実施していることを証明することもできます。

④　支給申請を行う

評価期間終了日から１か月以内に支給申請を行います。締切期限を過ぎると受給できないことになるので注意が必要です。

■ その他の留意点

働き方改革推進支援助成金は、令和２年度に実施される助成金のため交付申請は令和２年12月１日までに行う必要があります。また、国の予算額が決まっているため申請数が多いと申請期間内であっても募集を終了することがあります。

助成金の多くは管轄の都道府県労働局へ提出することが一般的ですが、この助成金についてはテレワーク相談センターが厚生労働省から受託して事業を行っているため、申請や問い合わせはすべてテレワーク相談センターに行う必要があります。

■ 働き方改革推進支援助成金を受給するための手続きの流れ　……

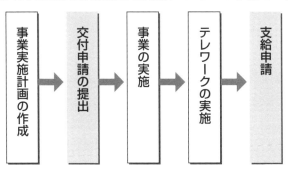

事業実施計画の作成　→　交付申請の提出　→　事業の実施　→　テレワークの実施　→　支給申請

8 持続化給付金について知っておこう

支給要件だけでなく不支給要件もあるので事前に確認をする

◼️ どんな給付金なのか

　持続化給付金とは、新型コロナウイルスの感染拡大の影響により、売上げが大幅に落ちてしまった事業者に対して、事業の継続ができるよう支援するために支給されるお金です。支給された給付金は返済する必要がありません。また、使い方にも制限がなく、受け取った給付金を事業に使わず、貯蓄に回すことも可能です。

　持続化給付金は、中小企業はもちろんのこと、個人事業主やフリーランスの人も支給対象となっています。ただし、支給額の上限については、法人の場合は最大で200万円まで、個人事業者やフリーランスの場合は最大で100万円までとなっています。いずれも一度給付を受けた事業者は、再度給付を受けることはできません。

　持続化給付金とよく似た制度に、本章で前述してきた助成金があります。助成金とは、雇用の増加や労働環境の改善等を目的として企業に支給されるお金です。助成金も持続化給付金と同じく返済義務はありません。ただし、助成金の財源は、企業が支払っている雇用保険料であるため、助成金を受け取るためには、その企業が雇用保険の適用事業所であることが必要となります。これに対して持続化給付金の財源は、雇用保険料ではないので、雇用保険に加入していない事業者であっても受け取ることが可能です。また、助成金の申請には、労働者名簿や就業規則といった労務管理に関する書類の提出を求められるケースが多いのですが、事業継続の支援を目的とする持続化給付金の場合には、これらの書類の提出は必要ありません。

■ どんな企業が対象なのか

　持続化給付金の支給対象となる企業は、新型コロナウイルスの感染拡大の影響により事業収入が大きく減ってしまった中小法人です。株式会社だけでなく、医療法人や農業法人、NPO法人なども含まれます。具体的に、企業が持続化給付金の支給を受けるためには、次の３つの要件をすべて充たしていることが必要です。

① 2020年４月１日時点で資本金、または出資額が10億円未満であること

　NPO法人や医療法人等で、資本金や出資額の定めがない事業者の場合は、従業員の人数が2000人以下であることが要件となります。この要件については、よほど大きな法人でない限り問題となることはないでしょう。

② 2019年以前から事業による事業収入を得ており、今後も事業を継続する意思があること

　この点について５月22日、経済産業省は2020年１月～３月に創業した事業者に対しても、支給の対象に含めると発表しました。具体的には、新型コロナウイルスの感染拡大以降、任意に選択した１か月の事業収入が、2020年１月から３月までの平均収入と比べて５割以上減少した事業者は、最大200万円の給付を受け取ることができます。

　また、2019年１月から12月までの間に法人を設立した場合も、その他の要件を満たせば、給付金の支給を受けることができます。

③ 2020年１月以降、新型コロナウイルスの感染拡大の影響により、前年同月比で事業収入が50％以上減少した月（対象月）があること

　たとえば、2019年１月の事業収入が100万円、2020年１月の事業収入が50万円だったとします。この場合、2020年１月の事業収入は前年同月比で50％減少しているので、対象月となり要件を充たします。

　事業収入が前年同月比で50％以上減少した月が複数ある場合は、申請者が対象月を任意に選択することができます。減少率が高い月を選

択した方が、支給される給付金の額が多くなるので、なるべく減少率の高い月を対象月として選択するようにしましょう。

　2019年に設立された法人の場合は、2020年1月以降、2019年の月平均の事業収入と比べて、50％以上減少した月があれば要件を充たします。たとえば、2019年の平均月収が100万円、2020年4月の事業収入が50万円だった場合は、4月を対象月として要件を充たします。

　以上の3つの要件を充たせば原則として、持続化給付金を受け取ることができます。ただし、性風俗業や宗教団体などは例外的に持続化給付金の支給対象外となっています。

■ 給付額と算定方法

　持続化給付金の給付額は、次のように算出します。

　まず、2020年1月以降で新型コロナウイルスの影響により、月間の事業収入が前年同月比で50％以下になる月を決めます。この月のことを対象月といいます。前年同月比で50％以下になる月が複数ある場合は、その中から申請者が任意に対象月を選択することができます。

　そして、対象月が含まれる事業年度の直前の事業年度の年間事業収入から、対象月の月間事業収入に12を乗じた額を差し引きます。この計算によって算出されたのが持続化給付金の支給額となります。ただし、中小企業の場合は、支給額の上限が200万円までとなっているので、算出された額が200万円を超えるときは、支給額は200万円となります。

　たとえば、3月決算の法人の2020年2月の事業収入が30万円、2019年2月の事業収入が60万円だったとします。この場合、2020年2月の事業収入は前年同月比で50％を下回っているため、この月は対象月にあたります。そして、前年の事業年度（2018年4月から2019年3月）の年間事業収入が500万円だとした場合、そこから360万円（30万円×12）を差し引きます。この計算によって算出された140万円（500万円

－360万円）が持続化給付金の給付額となります。

　少しでも多く給付を受けるためには、対象月を選ぶときに、できるだけ前年同月比の事業収入の減少率が高い月を選ぶのがポイントです。

　たとえば、先ほど例であげた3月決算の会社の2020年3月の月間事業収入が10万円しかなかったとします。その場合、2月ではなく3月を対象月として選択すれば、支給額の計算は、500万円から120万円（10万円×12）を差し引いて行うことになります。その結果、380万円となりますが、持続化給付金の上限額は200万円なので、支給額は200万円となります。

■ 持続化給付金の支給対象 ………………………………………………

支給要件	① 2020 年4月1日時点で、資本金の額または出資の総額が 10 億円未満もしくは常時使用する従業員数が 2,000 人以下 ② 2019 年以前から事業収入（売上げ）を得ており、今後も事業継続意思があること（2019 年以降に事業収入（売上げ）がある場合も対象） ③ 2020 年1月以降、新型コロナウイルス感染症拡大の影響等により、前年同月比で事業収入が 50%以上減少した月（対象月）が存在すること
不支給要件	① 国や地方公共団体、国立大学法人などの公共法人 ② 風俗営業法に規定する「性風俗関連特殊営業」、当該営業に係る「接客業務受託営業」を行う事業者 ③ 政治団体 ④ 宗教上の組織もしくは団体 ⑤ ①から④までに掲げる者の他、給付金の趣旨・目的に照らして適当でないと中小企業庁長官が判断する者

3つの支給要件をすべて充たし、かつ5つの不支給要件いずれにも該当しないことが必要

9 持続化給付金の手続きについて知っておこう

申請に不備があると給付が遅れるので慎重に行う必要がある

■ 受給するための手続きの流れ

持続化給付金の申請はインターネットで行います。具体的な手続きの流れについては以下のとおりです。

① **持続化給付金ホームページにアクセスする**

持続化給付金の申請用ホームページ（https://jizokuka-kyufu.jp）にアクセスをします。パソコンだけでなくスマートフォンからも申請することが可能です。

② **申請用ホームページで仮登録を行う**

ページの下部にある申請ボタンを押すと仮登録をすることができます。ここで申請者のメールアドレスなどを入力します。

③ **入力したアドレスにメールが届く**

仮登録で入力したメールアドレスに本登録の手続き方法などが記載されたメールが届くので、ここから本登録を行います。

④ **マイページを作成**

IDとパスワードを入力すると、マイページが作られます。ここに、住所や連絡先などの基本情報や、売上額、口座情報などを入力します。

⑤ **必要書類を添付**

後述しますが、2019年の確定申告書類の控えなどの必要書類のデータを添付します。以上で、申請手続きは終了です。

■ 申請書類やスケジュールなどその他の注意点

持続化給付金は、事業収入が減った企業に対して支給されるものなので、給付を受けるためには、収入が減ったことを証明しなければな

りません。そのため、申請には2019年度の確定申告書と2020年の対象月の売上台帳・帳面等が必要となります。また、給付金の振込先となる通帳の写しも必要です。これらの書類は、PDF・JPG・PNGのいずれかにデータ化して添付をしなければなりません。スキャナーがない場合は、デジカメやスマホで撮影した画像データを使うことも可能ですが、細部が鮮明に映っていることが必要です。

　申請が終了すると、経済産業省にある持続化給付金事務局で申請内容に誤りがないかなどを確認します。申請に不備があった場合は、メールとマイページに通知がくるので、見落とさないように注意しましょう。

　何も問題がなければ、申請から約2週間程度で登録した口座に給付金が入金されます。ただし、実際は申請から入金までの期間にかなり幅があるようです。早い人は、1週間程度で入金があったという人もいますが、逆に20日以上経ってもまだ振り込まれないという人もいます。申請内容に不備があると、入金までの時間が長くなる傾向にあるようです。効率よく給付金を受け取るためには、なるべく間違えないように慎重に申請をしましょう。

■ 持続化給付金の申請書類 ……………………………………………

証拠書類等の名前	証拠書類等の内容
① 確定申告書類	・確定申告書別表一の控え（1枚） ・法人事業概況説明書の控え（2枚（両面）） ※少なくとも、確定申告書別表一の控えには収受日付印が押されていること。または、e-Taxで確定申告を行っている場合は受信通知を添付すること。
② 2020年分の対象とする月（対象月）の売上台帳など	・対象月の売上台帳等 ※経理ソフトやエクセル等で作成したもの
③ 通帳の写し	・銀行名・支店番号・支店名・口座種別 ・口座番号・口座名義人が確認できるもの

10 家賃支援給付金のしくみと手続きについて知っておこう

支払った家賃の一部を給付する

■ 家賃支援給付金とは

　新型コロナウイルスの感染拡大の影響によって、売上げが急減している中で、工場や店舗オフィスなどの地代や家賃は、事業者にとって大きな負担となっています。そのため、テナント事業者の地代や家賃負担の軽減を目的として「家賃支援給付金」が創設されています。

■ 給付対象者の要件

　給付対象となる事業者は、資本金10億円未満の中堅企業、中小企業、小規模事業者、個人事業者等です。給付要件は、令和2年5月〜12月において下記のいずれかに該当する場合です。

① 　令和2年5月〜12月のうち、いずれか1か月の売上高が前年同月比で50%以上減少している

② 　令和2年5月〜12月のうち、連続する3か月の合計が前年同月比で30%以上減少している

　持続化給付金は、令和2年1月以降の売上高を対象としているのに対し、家賃支援給付金は5月以降の売上高を対象としている点に注意が必要です。また、持続化給付金は売上高が50%以上減少していることが必要ですが、家賃支援給付金は売上高の30%以上減少が3か月連続する場合にも対象となるなど要件が広げられています。

■ 給付額について

　給付額は、月額の支払家賃に応じた給付率によって算出し、6か月分が給付されます。給付額の上限は、法人の場合1か月100万円（6

254

か月で最大600万円）で、個人事業者の場合は1か月50万円（6か月で最大300万円）です。

　法人の場合、まず、支払家賃が月額75万円までの部分については2/3が給付されます。さらに、月額75万円を超える部分について1/3が給付されます。

　たとえば、家賃60万円の店舗を賃借している場合には、40万円（60万円×2/3）が給付されます。実際にはその6か月分にあたる240万円が振り込まれます。また、家賃60万円の店舗2棟を賃借している場合には、総額120万円を支払っていることになります。そのため、75万円×2/3＝50万円と（120－75万円）×1/3＝15万円を合わせた65万円が給付され、6か月分にあたる390万円が振り込まれることになります。なお、店舗数が1棟であっても75万円を超過した分の賃料については1/3の給付を受けることができます。家賃以外にも駐車場などの賃料も対象となります。

■ 手続きについて

　手続きについては、持続化給付金と同様に、ホームページからの申請が予定されています。必要書類は、持続化給付金と同様に直近の確定申告書類などです。また、賃貸借契約書や直近3か月の賃料支払実績の分かる通帳の写しなどが必要となります。

■ 家賃支援給付金の給付額 ……………………………………………

法人の場合

支払家賃（月額）	給付率
75万円まで	2／3
75万円超 225万円まで	1／3

個人事業者の場合

支払家賃（月額）	給付率
37.5万円まで	2／3
37.5万円超 112.5万円まで	1／3

【監修者紹介】

森島 大吾（もりしま だいご）

1986年生まれ。三重県出身。社会保険労務士、中小企業診断士。三重大学大学院卒業。観光業で人事労務に従事後、介護施設で人事労務から経営企画、経理まで幅広い業務に従事する。

2020年1月に「いちい経営事務所」を開設。会社員時代には、従業員の上司には言えない悩みや提案を聞くことが多く、開業してからも経営者の悩みに共感し寄り添うことをモットーに、ネガティブな感情をポジティブな感情に動かす『感動サービス』の提供を行っている。人事労務から経理まで多岐にわたる業務に従事していた経験と中小企業診断士の知識を活かして、給与計算代行や労働保険・社会保険の手続き代行だけでなく、経営戦略に寄与する人事戦略・労務戦略の立案も行い、ヒト・モノ・カネの最大化に向けたサポートをしている。

監修書に、「入門図解 テレワーク・副業兼業の法律と導入手続き実践マニュアル」「入門図解 高年齢者雇用安定法の知識」（小社刊）がある。

事業者必携
入門図解
危機に備えるための
解雇・退職・休業・助成金の法律と手続き

2020年8月30日　第1刷発行

監修者	森島大吾
発行者	前田俊秀
発行所	株式会社三修社
	〒150-0001　東京都渋谷区神宮前2-2-22
	TEL　03-3405-4511　FAX　03-3405-4522
	振替　00190-9-72758
	http://www.sanshusha.co.jp
	編集担当　北村英治
印刷所	萩原印刷株式会社
製本所	牧製本印刷株式会社

©2020 D. Morishima Printed in Japan
ISBN978-4-384-04848-3 C2032